AF404713

Thomas Kalkus-Promitzer

Praxishandbuch: Supervision

Ein Handbuch für die Ausbildung und darüber hinaus

Akademie Kalkus, Band 2

Impressum

Bibliografische Information der Deutschen Nationalbibliothek: Die Deutsche Nationalbibliothek verzeichnet diese Publikation in der Deutschen Nationalbibliografie; detaillierte bibliografische Daten sind im Internet über http://dnb.dnb.de abrufbar.

Die automatisierte Analyse des Werkes, um daraus Informationen insbesondere über Muster, Trends und Korrelationen gemäß §44b UrhG („Text und Data Mining") zu gewinnen, ist untersagt.

© 2025 Thomas Kalkus-Promitzer
Covergestaltung und div. Illustrationen: DI Konrad Promitzer - https://kpdesign.at

Verlag: BoD · Books on Demand GmbH, Überseering 33, 22297 Hamburg, bod@bod.de

Druck: Libri Plureos GmbH, Friedensallee 273, 22763 Hamburg

ISBN: 978-3-7597-7520-7

Inhaltsverzeichnis

Über meine Motivation für dieses Buch

Dieses Buch ist aus den Lehrgangsunterlagen meiner Ausbildungslehrgänge für Supervision hervorgegangen. Über viele Jahre hinweg sind in der Zusammenarbeit mit engagierten Teilnehmer:innen Inhalte gewachsen, wurden laufend weiterentwickelt, ergänzt, überdacht und an neue Herausforderungen angepasst. Die Texte, Methoden und Reflexionsimpulse, die Du hier findest, stammen nicht aus einem Elfenbeinturm, sondern aus einem lebendigen, praxisnahen Lernfeld - geprägt durch echte Erfahrungen, intensive Diskussionen und ein gemeinsames Streben nach professionellem Wachstum. Viele der Gedanken in diesem Buch wurden durch die Fragen, Rückmeldungen und Perspektiven der Ausbildungsteilnehmer:innen inspiriert. Sie haben geholfen, Theorie und Praxis in ein produktives Miteinander zu bringen - ein Anliegen, das mich bis heute begleitet.

Was ursprünglich als internes Begleitmaterial für meine Lehrgänge gedacht war - zur Unterstützung des Lernprozesses, zur Vertiefung von Inhalten und zur praktischen Orientierung - soll nun auch einem größeren Kreis zugänglich gemacht werden. Dieses Buch richtet sich nicht nur an aktuelle oder ehemalige Teilnehmer:innen meiner Supervisionslehrgänge, sondern auch an Menschen, die sich für Supervision interessieren, bereits in diesem Bereich arbeiten oder auf der Suche nach Impulsen für ihre berufliche Praxis sind. Wenn Du in Teams arbeitest, Verantwortung trägst, in beratenden, sozialen oder therapeutischen Feldern tätig bist, dann wirst Du in diesem Buch viele Anregungen finden - zur Reflexion, zur Weiterentwicklung und vielleicht auch zur Bestätigung dessen, was Du bereits tust.

Meine Sichtweise auf Supervision ist nicht nur durch meine Lehrtätigkeit geprägt, sondern vor allem durch meine langjährige praktische Arbeit: Ich supervidiere Teams im sozialen, sozialpädagogischen und sozialpsychiatrischen Bereich in ganz Österreich. Dabei begleite ich Organisationen, Einrichtungen und Projekte in herausfordernden Entwicklungsphasen, bei strukturellen Veränderungen, in Konfliktsituationen oder einfach auf ihrem Weg zu mehr Klarheit und Teamqualität. Außerdem bin ich als Lehrsupervisor für psychosoziale Berater:innen tätig - ich begleite Menschen, die selbst in beratenden Berufen arbeiten und sich professionell weiterentwickeln möchten. All diese Erfahrungen fließen in dieses Buch ein - nicht als fertige Rezepte, sondern als Einladung, Supervision als lebendigen, offenen und zugleich verantwortungsvollen Prozess zu verstehen.

Ich lade Dich ein, Dich auf eine Entdeckungsreise durch die Welt der Supervision zu begeben. Dieses Buch will Dir Orientierung geben, Impulse schenken und Dich ermutigen, Deine supervisorische Haltung zu vertiefen. Es versteht sich nicht als reines Fachbuch, sondern als praxisnahes Arbeitsbuch, das Du zur Hand nehmen, darin blättern, nachlesen und Dich inspirieren lassen kannst. Supervision lebt vom Dialog, von der Offenheit für Perspektiven und vom Mut, auch unbequeme Fragen zuzulassen. In diesem Sinne wünsche ich Dir beim Lesen viele anregende Gedanken, nützliche Werkzeuge und vor allem: Lust auf mehr.

An dieser Stelle möchte ich mich auch ganz herzlich bei all jenen bedanken, die durch ihr wertvolles Feedback zur Entstehung dieses Buches beigetragen haben - insbesondere bei meinen Ausbildungsteilnehmer:innen, deren Fragen, Anregungen und Reflexionen immer wieder neue Perspektiven eröffnet und zur Weiterentwicklung der Inhalte beigetragen haben. Ohne Euch wäre dieses Buch nicht das, was es heute ist. Danke für Eure Offenheit, Eure Kritik, Eure Ideen - und für das Vertrauen, das Ihr mir und dem gemeinsamen Lernprozess entgegengebracht habt.

Einleitung - Worauf du dich freuen kannst

Supervision ist weit mehr als ein methodisches Werkzeug oder eine berufliche Begleitung - sie ist ein Denkraum, ein Reflexionsraum, ein Möglichkeitsraum. Dieses Buch lädt Dich ein, diesen Raum zu betreten, Dich darin umzusehen, auszuprobieren, zu staunen, zu hinterfragen und weiterzudenken. Du wirst dabei auf bewährte Konzepte treffen, aber auch auf neue Zugänge, die Dir helfen können, Deine eigene Rolle als Supervisor:in weiterzuentwickeln, Deine Haltung zu schärfen und Dein methodisches Repertoire zu erweitern.

Im ersten Teil des Buches werfen wir gemeinsam einen Blick zurück - auf die historischen Wurzeln der Supervision und ihre Entwicklung hin zu einem professionellen Handlungsfeld. Du wirst sehen, wie sehr sich Supervision über die Jahrzehnte verändert hat und wie eng sie mit gesellschaftlichen, sozialen und beruflichen Veränderungen verwoben ist. Gleichzeitig werfen wir einen kritischen Blick auf die Frage, was Supervision heute eigentlich ist - und was sie sein kann. Dabei geht es um mehr als um Definitionen. Es geht um Haltungen, um Rollenverständnisse, um Abgrenzungen zu verwandten Feldern wie Coaching und Beratung. Du wirst eingeladen, Deine eigene Position zu klären und Dich im Feld der Supervision bewusst zu verorten.

Ein zentrales Anliegen dieses Buches ist es, Supervision nicht nur theoretisch zu erklären, sondern sie erlebbar zu machen. Deshalb findest Du im weiteren Verlauf einen breiten methodischen Teil, der Dich Schritt für Schritt durch die verschiedenen Phasen eines Supervisionsprozesses führt. Du lernst kreative Einstiegsmöglichkeiten kennen, erfährst, wie Du Themen in Gruppen sammeln und strukturieren kannst, bekommst Methoden an die Hand, um Prozesse zu vertiefen, Widerstände aufzufangen oder mit Konflikten im Team professionell umzugehen. Diese Methoden sind praxiserprobt und vielfach eingesetzt - und doch so offen, dass Du sie auf Deine eigene Arbeitsweise abstimmen und weiterentwickeln kannst. Egal, ob Du mit Einzelpersonen, Gruppen oder Teams arbeitest: Du wirst für jede Situation passende Anregungen finden.

Darüber hinaus stelle ich Dir ausgewählte Methodenformate vor, die sich besonders in der Fallsupervision bewährt haben: Das strukturierte Phasenmodell hilft Dir, komplexe Anliegen systematisch zu erfassen. Die Balint-Methode eröffnet neue Sichtweisen auf Beziehungsmuster. Das Reflecting Team bringt einen frischen, dialogischen Zugang in die Runde. Und szenische Elemente, wie sie in der szenischen Supervision oder beim Einsatz von Symbolen vorkommen, machen innere Prozesse sichtbar und laden zum Perspektivenwechsel ein. Methoden wie die 6-Hüte-Technik, die Disney-Methode oder der Ressourcenbaum geben Dir konkrete Werkzeuge in die Hand, die Du sofort in Deiner Praxis einsetzen kannst.

Ein weiterer Fokus liegt auf der Dynamik von Gruppen und Teams - ein Thema, das in der Supervision allgegenwärtig ist. Hier widmen wir uns der Frage, wie Teams sich entwickeln, welche Rollen Menschen in Gruppen einnehmen und wie Veränderungsprozesse in sozialen Systemen besser verstanden und begleitet werden können. Modelle wie die Phasen der Teamentwicklung nach Tuckman, die Teamrollen nach Meredith Belbin oder die Graves Levels bieten Dir fundierte Grundlagen für Analyse und Intervention. Diese Theorien sind nicht als starre Konzepte gedacht, sondern als Landkarten, die Dir helfen, Dich in komplexen Gruppenprozessen zurechtzufinden - ohne dabei den Menschen aus dem Blick zu verlieren. Ein Exkurs zum situativen Führen rundet diesen Teil ab und zeigt, wie Führung in Supervision und Beratung kontextabhängig verstanden werden kann.

Das Buch versteht sich als Einladung zum Dialog. Es möchte Dich begleiten, nicht belehren. Es bietet Dir Orientierung, ohne Dich festzulegen. Du wirst darin Fragen finden, die Dich anregen, Deinen eigenen Weg zu reflektieren - und Du wirst viele praxisnahe Impulse finden, die Du sofort in Deinen Arbeitsalltag mitnehmen kannst. Egal, ob Du gerade erst beginnst, Dich mit Supervision zu beschäftigen, ob Du mitten in der Ausbildung steckst oder schon viele Jahre Erfahrung hast: Dieses Buch soll Dir zur Seite stehen - als Nachschlagewerk, als Methodenfundus, als Reflexionshilfe und als Quelle neuer Ideen.

Und nicht zuletzt: Es ist ein Buch aus der Praxis für die Praxis. Es ist aus meiner langjährigen Erfahrung in der Lehre, in der Begleitung von Teams im sozialen, sozialpädagogischen und sozialpsychiatrischen Bereich sowie als Lehrsupervisor für psychosoziale Berater:innen entstanden. Viele der vorgestellten Inhalte sind in echten Supervisionsprozessen erprobt worden - in schwierigen Teamsituationen, in herausfordernden Veränderungsphasen, in der stillen Arbeit mit Einzelpersonen ebenso wie in der lauten Dynamik großer Gruppen.

Ich wünsche Dir beim Lesen dieses Buches viele Momente des Wiedererkennens, der Inspiration und der Ermutigung. Möge es Dich dabei unterstützen, Supervision mit Klarheit, Neugierde und Tiefe zu gestalten - für andere und für Dich selbst.

Historische Entwicklung und Professionalisierung der Supervision

Supervision ist heute ein unverzichtbarer Bestandteil psychosozialer Berufe. Ob in der Sozialen Arbeit, im Gesundheitswesen, in der Bildung oder in therapeutischen Berufen - überall, wo professionelle Beziehungsgestaltung gefragt ist, hat sich Supervision als Methode zur Reflexion, Qualitätssicherung und Burnout-Prävention etabliert. Doch dieser Status ist das Ergebnis eines langen historischen Entwicklungsprozesses, der im späten 19. Jahrhundert in den USA seinen Ausgang nahm und über viele Jahrzehnte hinweg durch unterschiedliche gesellschaftliche, politische und wissenschaftliche Strömungen geprägt wurde.

Die Anfänge: Supervision als soziale Kontrolle

Die ersten strukturellen Vorläufer der heutigen Supervision entstanden im Zuge der Industrialisierung und der damit einhergehenden sozialen Verwerfungen in den wachsenden Städten der Ostküste der Vereinigten Staaten. Mit der Gründung der *Charity Organization Society* (COS) im Jahr 1878 in New York wurde ein neues Kapitel in der Organisation wohltätiger Hilfe aufgeschlagen. Ziel der COS war es, bedürftige Familien nicht nur finanziell, sondern auch moralisch und beratend zu unterstützen - mit dem klaren Anspruch, Armut durch individuelle Lebensführung und nicht durch strukturelle Bedingungen zu erklären.

Im Zentrum dieser frühen Praxis standen die sogenannten *Friendly Visitors*: meist bürgerliche Frauen, die ehrenamtlich Familien in schwierigen Lebenslagen aufsuchten. Sie sollten durch „gute Gespräche" und sittliches Vorbild die Lebensweise dieser Familien beeinflussen. Nur wenn eine nachweislich „bessere Führung" der Familien erkennbar war, wurde finanzielle Hilfe gewährt. Diese Besuche waren keineswegs romantisierend oder emanzipatorisch gedacht - vielmehr verkörperten sie eine Form moralischer Kontrolle im Dienste einer bürgerlichen Sozialethik (vgl. Müller-Hermann, 2016, S. 22).

Die *Friendly Visitors* arbeiteten unter der Anleitung von hauptamtlichen Angestellten der COS, meist Männer, die die Einsätze koordinierten, kontrollierten und auswerteten. Diese Männer gelten heute als die ersten Supervisoren - nicht im Sinne einer gleichberechtigten Reflexionspartnerschaft, sondern als verlängerter Arm der Organisation zur Sicherung der Qualität und Effizienz der Helfer:innenarbeit. Damit war Supervision zunächst Teil eines paternalistisch geprägten Hilfeverständnisses - ein Aspekt, der im heutigen Verständnis weitgehend überwunden ist, aber als Ursprung nicht ausgeblendet werden darf.

Mary Richmond und die Geburt des „Social Casework"

Eine zentrale Figur dieser Frühphase war **Mary Ellen Richmond** (1861-1928), Generalsekretärin der COS in Baltimore und später New York. Sie gilt als Begründerin des *Social Casework* - einer systematischen Methode individueller Hilfeplanung auf der Basis sorgfältiger Fallanalyse, Datenerhebung und Dokumentation. In ihrem Hauptwerk *Social Diagnosis* (1917) legte sie erstmals ein methodisch reflektiertes Vorgehen für die soziale Einzelhilfe vor - eine Revolution im bis dahin stark von subjektiven Moralurteilen geprägten Bereich der Armenhilfe (vgl. Richmond, 1917).

Richmond erkannte die Notwendigkeit einer fachlichen Begleitung der Helfer:innen, um sowohl die Qualität der Unterstützung als auch das professionelle Selbstverständnis zu fördern. Ihre Forderung nach systematischer Ausbildung, Supervision und Reflexion war wegweisend - und beeinflusst die Soziale Arbeit bis heute. Ihre Institution, die COS, wurde später zur heutigen *Columbia University of Social Work* - einem Zentrum der Ausbildung in Sozialarbeit und Supervision.

Erste Kurse und staatliche Anerkennung

1911 wurde durch die *Russell Sage Foundation* erstmals ein Kurs für Supervision angeboten - ein Zeichen für die wachsende Anerkennung dieses Formats (vgl. Kadushin, 1992). Allerdings war Supervision noch lange Zeit auf den Bereich der *Caseworker* beschränkt - also auf jene

Fachkräfte, die direkt mit Klient:innen arbeiteten. Die Rolle der Supervisor:innen blieb eher administrativ und kontrollierend, doch entwickelte sich langsam ein Verständnis für die Notwendigkeit emotionaler und fachlicher Unterstützung.

Der große Umbruch kam ab 1933 mit der staatlichen Übernahme der materiellen Armenfürsorge in den USA, ausgelöst durch die Folgen der Weltwirtschaftskrise von 1929. Die bis dahin überwiegend privat organisierten Wohltätigkeitsorganisationen verloren ihre zentrale Rolle in der materiellen Grundversorgung und mussten sich neu positionieren. Supervision entwickelte sich nun stärker zu einem Mittel der professionellen Begleitung und Reflexion.

Ein Beispiel aus dieser Zeit: Eine Supervisorin berichtete von einem jungen Caseworker, der wiederholt Schwierigkeiten hatte, sich von belastenden Fällen abzugrenzen. Im Rahmen der Supervision wurde nicht nur über methodische Vorgehensweisen reflektiert, sondern auch über persönliche Reaktionen und biografische Bezüge gesprochen. Diese Form der Begleitung markiert den Übergang zur integrativen Sichtweise auf Fachlichkeit und Persönlichkeitsentwicklung.

Der Einfluss der Psychoanalyse

In den 1930er-Jahren emigrierten viele Psychoanalytiker:innen - aufgrund des Nationalsozialismus - aus Europa in die USA. Zu den bekanntesten unter ihnen zählten Karen Horney, Erich Fromm, Wilhelm Reich und Erik Erikson. Ihre Konzepte stießen zunächst auf Vorbehalte, beeinflussten aber bald die Supervisionspraxis tiefgreifend.

Besonders Konzepte wie Übertragung, Gegenübertragung und die Bedeutung unbewusster Prozesse fanden zunehmend Eingang in die Supervision (vgl. Flösser/Wendt, 2004). Ein Beispiel aus einer Einrichtung für psychisch erkrankte Erwachsene zeigt, wie ein Team durch Supervision erkannte, dass es auf einen Klienten unbewusst mit alten

Beziehungsmustern reagierte. Die Supervisorin leitete daraus neue Perspektiven für den Umgang mit dem Fall ab.

Die Emigration dieser Fachleute trug maßgeblich zur Entwicklung einer beziehungs- und reflexionsorientierten Supervision bei - und legte damit das Fundament für die klinische Supervision.

Die Etablierung klinischer Supervision

Ab den 1940er-Jahren wurde die sogenannte *klinische Supervision* eingeführt - zunächst in psychiatrischen Kliniken und Pflegeeinrichtungen. Hier stand die Reflexion der Beziehung zwischen Patient:innen und Fachpersonal im Vordergrund. Supervisor:innen verstanden sich zunehmend als Prozessbegleiter:innen, nicht mehr nur als Kontrollinstanzen.

Ein Beispiel aus Boston: Pflegekräfte, die in der Arbeit mit selbstverletzendem Verhalten abstumpften, konnten in der Supervision ihre ursprüngliche Motivation und innere Haltung reflektieren und dadurch wieder Zugang zu empathischem Handeln finden.

Dieser Ansatz fand später auch Eingang in die Soziale Arbeit. Die klinische Supervision etablierte sich als Instrument der Burnout-Prävention und der professionellen Selbstreflexion - und bildet bis heute einen zentralen Pfeiler der Supervisionspraxis.

Rückkehr nach Europa und neue Impulse

In den 1950er- und 1960er-Jahren kehrte Supervision, bereichert durch die Entwicklungen in den USA, zurück nach Europa. Eine Schlüsselrolle spielte der ungarische Psychoanalytiker Michael Balint, der in England sogenannte Balint-Gruppen für Ärzt:innen leitete. Diese Form der Fallbesprechung rückte die Arzt-Patient-Beziehung in den Mittelpunkt - und beeinflusste auch Sozialarbeit und Psychotherapie nachhaltig.

In Deutschland und Österreich wurde der Begriff Supervision erst ab den 1970er-Jahren geläufig. Zuvor sprach man von Praxisberatung oder Fallbesprechung. Mit der Gründung von Ausbildungsinstituten und Berufsverbänden wie der DGSV (1975) und dem ÖVS (1994) wurde Supervision zur eigenständigen Profession.

Die Entwicklung in Österreich

In Österreich spielte der Österreichische Arbeitskreis für Gruppentherapie und Gruppendynamik (ÖAGG) eine zentrale Rolle in der Etablierung professioneller Supervision. Ab den 1970er-Jahren entstanden erste spezialisierte Fortbildungen. Mit der Gründung des ÖVS wurden Ausbildungsstandards, Ethikrichtlinien und Qualitätskriterien eingeführt.

Heute ist Supervision in Österreich in zahlreichen Berufsfeldern gesetzlich oder institutionell verankert - etwa in der Psychotherapie, der psychosozialen Beratung, der Sozialarbeit sowie in Schulen und Pflegeberufen. Die österreichische Supervisionslandschaft ist methodisch vielfältig und interdisziplinär geprägt.

Rechtliche Verankerung der Supervision in Österreich

In Österreich ist die Ausübung von Supervision rechtlich geregelt und fällt unter bestimmte gesetzliche Bestimmungen, insbesondere die Gewerbeordnung sowie sektorspezifische Berufsgesetze. Supervision kann von mehreren Berufsgruppen angeboten werden, wobei die jeweilige Berechtigung und fachliche Ausrichtung variieren.

Folgende Konstellationen sind derzeit rechtlich zulässig:

- **Psychotherapeut:innen, Ärzt:innen mit Psychotherapiediplom** sowie **Klinische und Gesundheitspsycholog:innen** dürfen im Rahmen ihrer Berufsberechtigung Supervision anbieten, insbesondere mit klinischem oder psychotherapeutischem Schwerpunkt. Diese Tätigkeit ist durch die entsprechenden Berufsgesetze geregelt.

- **Lebens- und Sozialberater:innen (Psychosoziale Berater:innen)** mit aufrechtem **Gewerbeschein** dürfen Supervision als Teil ihres professionellen Portfolios anbieten. Diese Form der Supervision ist vorrangig berufsbezogen und richtet sich an Menschen in beratenden, sozialen, pädagogischen oder pflegerischen Berufen.
- **Unternehmensberater:innen**, insbesondere mit der Einschränkung auf Personal- oder Organisationsberatung, können Supervision im wirtschaftlichen Kontext anbieten, etwa im Bereich Führungskräfteentwicklung, Change Management oder Teamentwicklung.

Die **Lebens- und Sozialberatung** (Psychosoziale Beratung) ist in Österreich ein **reglementiertes Gewerbe**. Ihre gesetzliche Grundlage bildet die **Gewerbeordnung (§ 119 GewO)**. Darin ist festgelegt, dass Lebens- und Sozialberatung unter anderem die psychologische Beratung bei beruflichen und persönlichen Herausforderungen umfasst - einschließlich Supervision, sofern sie berufsbezogen und nicht krankheitswertig ist. Zur Ausübung dieses Gewerbes ist ein **Befähigungsnachweis** erforderlich.

Diese gesetzliche Verankerung dient nicht nur der Qualitätssicherung, sondern auch dem Schutz der Klient:innen. Supervision ist damit in Österreich rechtlich klar positioniert - sowohl als Methode der berufsbezogenen Reflexion als auch als eigenständiges Tätigkeitsfeld im psychosozialen und wirtschaftlichen Bereich.

Überblick: Was ist Supervision heute?

Der Begriff „Supervision" hat seinen Ursprung im Lateinischen: „super" bedeutet „oben, über, darüber", während „visio" für „das Sehen, den Anblick oder die Erscheinung" steht. Wörtlich übersetzt lässt sich Supervision somit als ein „Darübersehen" oder „Drüberschauen" verstehen - ein Überblick, der es ermöglicht, Dinge aus einer gewissen Distanz zu betrachten. Genau dieser Aspekt des Perspektivwechsels bildet den Kern der Supervision. Sie bietet die Möglichkeit, berufliche Situationen, Herausforderungen und Dynamiken mit Abstand zu analysieren und dadurch zu einem tieferen Verständnis und zu neuen Handlungsmöglichkeiten zu gelangen.

Supervision ist eine spezifische Form der Beratung, die sich auf das berufliche Handeln von Menschen in verschiedenen Arbeitsfeldern konzentriert. Sie richtet sich vor allem an Fach- und Führungskräfte sowie an Teams, die ihre berufliche Praxis reflektieren, weiterentwickeln und professionalisieren möchten. Dabei stehen drei zentrale Dimensionen im Fokus: die konkrete Arbeit, das jeweilige Arbeitsumfeld und die Art und Weise, wie Menschen ihr berufliches Handeln gestalten.

Im Unterschied zu anderen Beratungs- oder Therapieformen bezieht sich Supervision explizit auf das berufliche Feld. Sie dient der Qualitätssicherung, der Psychohygiene und der Stärkung der professionellen Identität. Durch die Reflexion von Fallarbeit, von Beziehungen zu Kolleg:innen, Vorgesetzten oder Klient:innen und durch die Bearbeitung von Herausforderungen im Arbeitsalltag wird nicht nur die individuelle Arbeitsfähigkeit gestärkt, sondern auch ein wichtiger Beitrag zur Entwicklung von Organisationen und Teams geleistet.

Ziele und Inhalte der Supervision

Supervision hat das Ziel, Dynamiken und Prozesse sichtbar zu machen, die im beruflichen Alltag häufig verborgen bleiben. Sie schafft Raum für Reflexion, Entlastung und neue Perspektiven. Im Mittelpunkt stehen häufig Fragestellungen wie:

- Wie gestalte ich meine beruflichen Beziehungen?
- Wie gehe ich mit belastenden Situationen oder Konflikten um?
- Welche unbewussten Muster prägen meine Kommunikation?
- Wo liegen meine beruflichen Ressourcen - und wo meine Begrenzungen?
- Wie kann ich meine professionelle Rolle klarer definieren?

Gegenstand der Supervision kann - je nach Anliegen und Ziel - der methodische, kommunikative oder beziehungsmäßige Umgang mit Klient:innen, Patient:innen, Kund:innen sowie mit Kolleg:innen, Mitarbeiter:innen und Vorgesetzten sein.

Auch institutionelle Rahmenbedingungen, strukturelle Spannungsfelder und ethische Fragen können eine Rolle spielen.

Die Themen, die in der Supervision bearbeitet werden, sind so vielfältig wie die beruflichen Kontexte, in denen Menschen tätig sind. In sozialen, therapeutischen, pädagogischen oder beratenden Berufen geht es oft um die Auseinandersetzung mit emotional herausfordernden Situationen, mit Übertragungen, Abgrenzung und Selbstfürsorge. In der Team- oder Organisationssupervision rücken hingegen häufig Kommunikationsprozesse, Rollenverteilungen, Leitungsspannungen oder Veränderungsprozesse ins Zentrum.

Begriffliche Einordnung:
Supervisor:in - Supervisand:in - Klient:in

In der professionellen Supervision sprechen wir von der Supervisorin oder dem Supervisor als der beratenden Fachperson, die den Prozess strukturiert, begleitet und anleitet. Die teilnehmenden Personen heißen Supervisand:innen - sie bringen ihre Anliegen, Fragen oder Konflikte in den Prozess ein. Diese Begrifflichkeit unterscheidet sich deutlich vom allgemeinen englischen Sprachgebrauch, in dem „to supervise" häufig mit „überwachen", „beaufsichtigen" oder „kontrollieren" übersetzt wird. Ein „Supervisor" ist dort meist ein:e weisungsbefugte:r Vorgesetzte:r oder

Abteilungsleiter:in - also eine Funktion innerhalb einer hierarchischen Struktur.

Die professionelle Supervision hingegen basiert auf einer dialogischen Haltung, die geprägt ist von Vertrauen, Offenheit und Wertschätzung. Sie verfolgt keine Kontrollfunktion, sondern unterstützt die Selbstreflexion, die Entwicklung von Handlungskompetenzen und die Stärkung professioneller Ressourcen. Der Begriff „Klient:in" wird in diesem Zusammenhang gelegentlich ebenfalls verwendet, vor allem in Anlehnung an die Beratungs- und Therapiesprachen, ist aber im Kontext der Supervision nicht eindeutig festgelegt.

Formen der Supervision

Supervision kann in unterschiedlichen Formaten stattfinden - je nach Bedarf, Zielsetzung und Setting. Die vier zentralen Formen sind:

- Einzelsupervision
- Gruppensupervision
- Teamsupervision
- Lehrsupervision

Jede dieser Formen hat ihre eigenen Schwerpunkte, Potenziale und spezifischen Einsatzbereiche.

Einzelsupervision

Die Einzelsupervision richtet sich an einzelne Fachpersonen, die ihre berufliche Praxis reflektieren und weiterentwickeln möchten. Sie bietet einen geschützten Raum, in dem individuelle Anliegen, Unsicherheiten oder Rollenkonflikte vertraulich bearbeitet werden können. Besonders hilfreich ist diese Form bei komplexen Fallsituationen, bei hoher emotionaler Belastung oder zur Klärung der eigenen professionellen Rolle. Auch für Führungskräfte stellt sie ein wichtiges Instrument der Selbstreflexion und Weiterentwicklung dar.

Gruppensupervision

In der Gruppensupervision treffen sich Personen aus unterschiedlichen
Berufsgruppen oder Organisationen, um gemeinsam berufliche Themen
zu bearbeiten. Das gruppendynamische Setting ermöglicht einen vielfältigen Austausch, erweitert die Perspektiven und schafft ein kollegiales
Lernfeld. Gruppensupervision ist besonders geeignet für Personen, die
voneinander lernen möchten, ähnliche Rollen innehaben oder vergleich-
bare berufliche Fragestellungen mitbringen.

Teamsupervision

Die Teamsupervision richtet sich an fest bestehende Arbeitsgruppen innerhalb einer Organisation. Sie unterstützt Teams darin, ihre Zusammenarbeit zu reflektieren, Konflikte zu klären und gemeinsame Ziele zu definieren. Auch strukturelle Themen wie Rollenverteilung, Zuständigkeiten
oder Schnittstellen zu anderen Abteilungen können bearbeitet werden.
Teamsupervision fördert die Entwicklung eines konstruktiven Miteinan-
ders und wirkt konfliktpräventiv. Sie trägt wesentlich zur Förderung einer
offenen Kommunikationskultur und eines gesunden Arbeitsklimas bei.

Lehrsupervision

Die Lehrsupervision ist ein fester Bestandteil vieler psychosozialer, the-
rapeutischer oder beratender Ausbildungen und stellt eine besondere
Form der Supervision dar. Sie ist in der Regel verpflichtend und dient der
begleitenden Reflexion während des praktischen Ausbildungsteils. Lehrsupervision unterstützt angehende Berater:innen, Therapeut:innen oder
Supervisor:innen darin, eigene Fälle aus der Praxis zu analysieren, berufliche Handlungskompetenz zu entwickeln und sich mit der professionellen Rolle auseinanderzusetzen.

Ziel der Lehrsupervision ist es, die Verbindung von Theorie und Praxis zu
fördern, das professionelle Selbstverständnis zu schärfen und einen verantwortungsvollen Umgang mit den Anforderungen des Berufs zu entwickeln. Sie dient zugleich der Qualitätssicherung der Ausbildung und

ermöglicht es den Lernenden, Unsicherheiten, ethische Dilemmata oder persönliche Reaktionen auf Fallverläufe in einem geschützten Rahmen zu reflektieren.

Ein wesentliches Merkmal der Lehrsupervision ist ihre Ausbildungsfunktion: Sie ist nicht nur ein Ort der Begleitung, sondern auch der kritischen Rückmeldung. Dabei werden - je nach Ausbildungsinstitution - bestimmte Standards gesetzt, wie z. B. eine Mindestanzahl an Supervisionseinheiten, die schriftliche Dokumentation oder die Einbindung in Prüfungsverfahren.

Lehrsupervision unterscheidet sich von anderen Supervisionsformen dadurch, dass sie an einen klaren Ausbildungsrahmen gebunden ist. Sie ist damit auch Teil des Qualifizierungsprozesses und stellt sicher, dass angehende Fachkräfte nicht nur inhaltlich, sondern auch persönlich-professionell auf ihre zukünftige Tätigkeit vorbereitet sind.

Supervision als Beitrag zur Qualitätssicherung und Professionalisierung

Supervision ist weit mehr als eine gelegentliche Besprechung beruflicher Probleme. Sie ist ein zentrales Instrument zur Qualitätssicherung, Professionalisierung und Burnout-Prävention. Besonders in psychosozialen, therapeutischen und beratenden Berufen, in denen die Arbeit emotional fordernd ist und viel Beziehungskompetenz erfordert, stellt Supervision ein unverzichtbares Element professioneller Praxis dar.

Sie schafft einen geschützten Rahmen für Reflexion, Austausch und persönliches Wachstum. Gleichzeitig wirkt sie strukturbildend: Indem Themen aus dem Alltag in einem anderen Licht betrachtet werden, kann neue Orientierung entstehen. Gerade in Zeiten des Wandels oder bei hohen Belastungen unterstützt Supervision dabei, wieder handlungsfähig zu werden und Klarheit zu gewinnen.

Fazit

Supervision ist ein dialogisches Beratungsformat, das professionelle Reflexion ermöglicht, Ressourcen stärkt und Handlungsspielräume erweitert. Sie bietet einen wertvollen Blick von außen - über das Alltägliche hinaus - und hilft dabei, berufliche Herausforderungen kompetent zu bewältigen. In ihren verschiedenen Formen unterstützt sie sowohl Einzelpersonen als auch Gruppen und Teams darin, sich weiterzuentwickeln, professionell zu handeln und gesund im Beruf zu bleiben.

Supervision und Coaching - Gemeinsamkeiten und Unterschiede

In der Praxis begegnen sich Supervision und Coaching häufig, und nicht selten werden beide Begriffe synonym verwendet. Tatsächlich gibt es zwischen den beiden Beratungsformaten zahlreiche Überschneidungen, etwa im methodischen Vorgehen oder in der dialogischen Grundhaltung. Beide Formate basieren auf einem wertschätzenden, ressourcenorientierten Menschenbild und zielen auf eine Unterstützung in beruflichen oder persönlichen Entwicklungsprozessen. Dennoch handelt es sich um unterschiedliche Formate, die verschiedene Zielsetzungen, Herangehensweisen und inhaltliche Schwerpunkte verfolgen.

Supervision: Reflexion und Entwicklung im beruflichen Kontext

Supervision ist in erster Linie prozessorientiert. Im Zentrum steht die Reflexion beruflicher Rollen, Aufgaben und Beziehungen. Sie bietet eine übergeordnete Perspektive - eine sogenannte „Draufsicht" - auf Dynamiken, Abläufe und Verhaltensweisen im beruflichen Alltag. Diese Außenperspektive ermöglicht es, blinde Flecken aufzudecken, verborgene Themen sichtbar zu machen und komplexe berufliche Zusammenhänge besser zu verstehen. Dabei geht es nicht nur um die Betrachtung des individuellen Verhaltens, sondern auch um die Analyse institutioneller und struktureller Bedingungen, in denen dieses Verhalten stattfindet.

Supervision wirkt klärend: Sie hilft, Situationen differenzierter wahrzunehmen, Muster zu erkennen und professionelles Handeln weiterzuentwickeln. Dabei steht weniger das Finden rascher Lösungen im Vordergrund als vielmehr die Förderung der Reflexionsfähigkeit und die Stärkung der beruflichen Kompetenz. Durch den gemeinsamen Austausch in einem fachlichen Rahmen wird die professionelle Rolle geschärft, die eigene Position innerhalb des Systems geklärt und der Handlungsspielraum erweitert. Ein wesentliches Ziel der Supervision ist die Förderung von Sprachverständnis - gerade in interdisziplinären Teams, in denen unterschiedliche Fachsprachen und Deutungsmuster aufeinandertreffen. Supervision schafft einen Raum, in dem diese Unterschiede sichtbar und bearbeitbar werden. Sie dient darüber hinaus der Teamentwicklung, indem sie gruppendynamische Prozesse beleuchtet, Spannungen transparent macht und gemeinsame Entwicklungsziele fördert. Konflikte, die im Arbeitskontext entstehen, werden nicht nur als Störfaktoren betrachtet, sondern als Ausdruck tieferliegender Kommunikations- oder Strukturprobleme verstanden, die in der Supervision bearbeitet werden können.

Supervision ist ein Fachgespräch - kein kollegialer Austausch auf informeller Ebene, sondern ein strukturierter, professionell angeleiteter Reflexionsprozess. Sie verfolgt keine Managementziele, ersetzt keine Führungsentscheidungen und darf nicht als Instrument zur Delegation von Leitungsaufgaben missverstanden werden. Auch wenn sie zur Konfliktklärung beitragen kann, ist sie kein Ersatz für Selbsterfahrung oder Therapie - insbesondere nicht in Gruppensettings. Vielmehr geht es darum, berufliche Handlungsfähigkeit zu erhalten und zu erweitern, die professionelle Identität zu stärken und langfristig zur Qualitätssicherung beizutragen.

Coaching: Ziel- und Lösungsorientierung mit persönlichem Fokus

Im Unterschied zur Supervision ist Coaching stärker ziel- und lösungsorientiert ausgerichtet. Coaching verfolgt in der Regel einen klar definierten Auftrag, der auf ein konkretes Ergebnis hinarbeitet. Dabei kann es sich um berufliche Zielsetzungen handeln - etwa Karriereentscheidungen, Führungskompetenz, Zeitmanagement oder die Vorbereitung auf neue Rollen - ebenso wie um persönlichkeitsentwickelnde Themen.

Coaching setzt meist an einem spezifischen Anliegen an und nutzt eine Vielzahl an Methoden, um individuelle Lösungen zu erarbeiten. Es unterstützt bei Entscheidungsprozessen, hilft dabei, Blockaden zu lösen, den eigenen Standpunkt zu finden und den Leidensdruck in herausfordernden Lebensphasen zu mindern. Dabei können sowohl kognitive als auch emotionale und systemische Methoden zur Anwendung kommen, je nach Ausrichtung und Ausbildung der/des Coach.

Während Supervision klar im beruflichen Kontext verankert ist, wird Coaching auch im privaten Bereich in Anspruch genommen. Die Übergänge zwischen beruflichen und persönlichen Themen sind dabei oft fließend, was Coaching zu einem sehr flexiblen Beratungsformat macht. Die persönliche Lebenssituation, biografische Muster und individuelle Werte können im Coaching eine zentrale Rolle spielen. Coaching eignet sich daher besonders für Menschen, die konkrete Veränderungen anstoßen möchten und eine strukturierte, zielgerichtete Begleitung auf Zeit suchen.

Abgrenzungen und Überschneidungen

Beide Formate - Supervision wie Coaching - setzen auf eine dialogische, ressourcenorientierte Grundhaltung. Sie verstehen sich als Hilfe zur Selbsthilfe und arbeiten mit ähnlichen Gesprächs- und Interventionstechniken. Beide arbeiten mit Zielklarheit, systemischer Perspektive und einem hohen Maß an Beziehungskompetenz. Dennoch unterscheiden sie sich in ihrer Grundorientierung:

Supervision	Coaching
Prozessorientiert	Ziel- und lösungsorientiert
Fokus auf berufliche Rolle und Kontext	Fokus auf Zielerreichung und Persönlichkeitsentwicklung
Fachlicher Austausch über Dynamiken, Rollen, Beziehungen	Methodisch orientierte Begleitung zur Umsetzung von Veränderungen
Klar im beruflichen Kontext verankert	Auch im privaten Kontext anwendbar
Unterstützt Teamentwicklung	Unterstützt individuelle Entwicklung
Stärkt Reflexionsfähigkeit und professionelles Selbstverständnis	Fördert Selbstwirksamkeit und Entscheidungsfähigkeit

Ein besonderes Augenmerk verdient die Abgrenzung in der praktischen Anwendung. Supervision ist **kein Ersatz für Führung oder Leitung.**

Insbesondere in Team- oder Gruppensupervisionen besteht die Gefahr, dass Supervision als Konfliktentsorgungsstelle oder Ersatz für unterlassene Führungsentscheidungen missbraucht wird. In solchen Fällen spricht man von sogenannten „vergifteten Aufträgen". Supervisor:innen müssen daher aufmerksam prüfen, ob der Auftrag klar, realistisch und fachlich vertretbar ist. Ebenso ist Supervision **keine Form der Selbsterfahrung** - zumindest nicht im Rahmen von Team- oder Gruppensettings. Die persönliche Dimension darf in der Reflexion beruflicher Themen durchaus anklingen, doch Supervision bleibt ein fachlicher Prozess, der auf professionelle Entwicklung zielt. In der Einzelsupervision kann es durchaus zur Auseinandersetzung mit biografischen Themen kommen, jedoch stets mit Bezug zur beruflichen Rolle.

Auch Coaching birgt Grenzen: Wenn emotionale Belastungen oder psychische Erkrankungen im Vordergrund stehen, ist Coaching nicht das geeignete Format. Hier ist eine Abgrenzung zur Psychotherapie notwendig. Professionelle Coaches kennen ihre Rolle und wissen, wann eine Weitervermittlung angezeigt ist.

Fazit

Supervision und Coaching ergänzen sich in ihrer Funktion, unterscheiden sich jedoch in Ausrichtung und Zielsetzung. Supervision fokussiert auf die Analyse und Weiterentwicklung beruflicher Rollen, Beziehungen und Strukturen. Sie schafft Verständnis, klärt Zusammenhänge und erweitert die professionelle Handlungsfähigkeit. Coaching hingegen richtet sich stärker auf konkrete Zielerreichung, Entscheidungshilfe und persönliche Entwicklung. Die Wahl des geeigneten Formats hängt somit von den jeweiligen Anliegen, Zielen und Rahmenbedingungen ab - sowie von der Klarheit des Auftrags, der dem Beratungsprozess zugrunde liegt.

Beide Formate leisten wertvolle Beiträge zur Entwicklung von Menschen, Teams und Organisationen. Entscheidend ist, dass ihre jeweilige Funktion verstanden, professionell angewendet und im konkreten Kontext sinnvoll abgegrenzt wird.

Grundprinzipien der Supervision

Haltung, Rahmen und Verantwortung

Supervision ist weit mehr als ein professionelles Gespräch über berufliche Themen. Damit sie wirksam wird, braucht es eine klare Haltung, eine sichere Struktur und eine achtsame Gestaltung des Settings. Die folgenden Grundprinzipien bilden das Fundament jeder gelungenen Supervision - unabhängig davon, ob es sich um Einzel-, Gruppen- oder Teamsupervision handelt.

Langsam arbeiten - Tiefgang statt Tempo

Supervision entfaltet ihre Kraft nicht in der Geschwindigkeit, sondern in der Tiefe. Es geht nicht darum, möglichst viele Themen in kurzer Zeit „abzuarbeiten", sondern darum, sorgsam und schrittweise in die Reflexion einzutauchen. Langsam zu arbeiten bedeutet, sich Zeit zu nehmen für das Wesentliche: für das Verstehen, das Fühlen, das Innehalten. Gerade in herausfordernden oder konflikthaften Situationen ist dieses Prinzip entscheidend - es schützt vor vorschnellen Urteilen und öffnet den Raum für neue Sichtweisen.

In der Praxis zeigt sich, dass langsames Arbeiten eine intensive Auseinandersetzung mit dem Erleben und Verhalten der Supervisand:innen ermöglicht. Es bietet Raum, auch leise Töne wahrzunehmen, Irritationen nachzuspüren und emotionale Reaktionen einzuordnen. Dieses Innehalten schafft einen Schutzraum für Differenzierung und Selbstwahrnehmung, in dem nicht nur gesprochen, sondern auch gefühlt und gespürt werden darf. Die verlangsamte Prozessführung trägt dazu bei, impulsives Reagieren zu vermeiden und stattdessen in eine achtsame und reflektierte Auseinandersetzung zu treten.

Zudem erleichtert es, komplexe Zusammenhänge zu erkennen, die im schnellen Alltag oft untergehen. Gerade in beraterischen, therapeutischen oder pädagogischen Arbeitsfeldern, in denen hohe Anforderungen und ständige Entscheidungen vorherrschen, bietet die Supervision die seltene Gelegenheit zur bewussten Verlangsamung. Die Supervisor:in setzt gezielte Impulse, entschleunigt bewusst und fördert so nachhaltige Entwicklung, ein tieferes berufliches Verständnis sowie die Fähigkeit, auch im Arbeitsalltag achtsamer mit sich selbst und anderen umzugehen.

Wertschätzend und achtsam zuhören

Zuhören ist eine Kernkompetenz in der Supervision. Doch es geht nicht nur um das Hören der Worte, sondern um ein achtsames Wahrnehmen dessen, was zwischen den Zeilen liegt. Supervisor:innen hören mit einer inneren Haltung der Offenheit, des Respekts und der Unvoreingenommenheit. Sie schaffen einen Raum, in dem sich Menschen sicher fühlen können, auch Unsicherheiten, Zweifel oder Fehler zu benennen. Wertschätzung zeigt sich dabei nicht nur im Inhalt, sondern auch in der Form des Umgangs: durch Präsenz, Zugewandtheit und echtes Interesse.

Achtsames Zuhören bedeutet auch, das Gesagte nicht vorschnell zu deuten oder zu bewerten, sondern zunächst stehen zu lassen. Es geht darum, Resonanz zu geben - verbal wie nonverbal - und dadurch ein Klima der Offenheit und des Vertrauens zu schaffen. Durch aktives Zuhören wird nicht nur Verständnis gefördert, sondern auch eine tiefere Selbstreflexion der Supervisand:innen angeregt. Die Supervisor:in agiert dabei als Spiegel, der sowohl emotionale Schwingungen als auch verborgene Bedeutungen sichtbar machen kann.

Vorgangsweise und Struktur erklären

Supervision braucht einen klaren Rahmen. Gerade zu Beginn ist es wichtig, dass die Supervisor:in transparent macht, wie die gemeinsame Arbeit abläuft: Welche Rolle übernimmt sie selbst? Welche Erwartungen gibt es an die Supervisand:innen? Wie viel Zeit steht zur Verfügung? Welche Methoden kommen zur Anwendung? Struktur schafft Sicherheit - besonders für neue Teilnehmer:innen oder bei angespannten Themen. Ein verständlich erklärter Ablauf ermöglicht Orientierung und schützt vor Überforderung.

Eine gut erklärte Struktur gibt nicht nur Halt, sondern schafft auch ein gemeinsames Verständnis darüber, was Supervision leisten kann - und was nicht. Es geht darum, die Verantwortung zu klären, Rollen zu definieren und Erwartungen abzustimmen. Zudem hilft eine klare Struktur, den Prozess flexibel zu gestalten, ohne beliebig zu werden. Gerade in der Gruppen- oder Teamsupervision sind klare Vereinbarungen zur Redezeit, zu Feedbackregeln oder zur Vertraulichkeit unerlässlich, um einen vertrauensvollen und zugleich zielgerichteten Rahmen zu schaffen.

Supervision ist dialogisches Arbeiten

Supervision ist kein Monolog, kein Vortrag und auch keine Therapie im klassischen Sinn. Sie lebt vom Dialog - vom gemeinsamen Denken, vom Fragen und Hinterfragen, vom Entdecken und Erproben neuer Deutungen. Dabei begegnen sich Supervisor:in und Supervisand:in auf Augenhöhe. Es geht nicht um richtig oder falsch, sondern um die Erweiterung des Blicks. Im dialogischen Prozess entstehen Erkenntnisse, die aus dem Zusammenspiel verschiedener Perspektiven hervorgehen.

Der Dialog in der Supervision ist geprägt von Resonanz, Offenheit und Neugier. Er lebt vom Wechselspiel zwischen Erfahrung und Reflexion, zwischen Innen- und Außenperspektive. Eine zentrale Qualität der Supervision liegt in der besonderen Rolle der Supervisor:in, die als Element von außerhalb agiert. Durch diese Außenposition ist sie nicht Teil des beruflichen Systems, das reflektiert wird, und kann dadurch eine klare, unvoreingenommene Sichtweise einbringen. Sie ist in der Lage, Muster zu erkennen, die für Beteiligte innerhalb des Systems oft unsichtbar bleiben, und blinde Flecken aufzudecken, die durch Nähe, Betriebsblindheit oder emotionale Verstrickungen entstehen.

In einem echten Dialog kann so auch das Unausgesprochene zur Sprache kommen, können unbewusste Dynamiken sichtbar gemacht und neue Bedeutungen erschlossen werden. Die Supervisor:in moderiert diesen Prozess nicht nur, sondern nimmt aktiv teil - sie bringt sich mit ihrer professionellen Haltung, mit Fragen, Hypothesen und Rückmeldungen ein, ohne sich in den Mittelpunkt zu stellen. Ihre Rolle besteht darin, Impulse zu geben, neue Perspektiven zu eröffnen und dabei gleichzeitig den Raum für die Selbstreflexion und Entwicklung der Supervisand:innen zu wahren.

Aktive Teilnahme in Gruppen- und Teamsupervision

In der Gruppen- oder Teamsupervision ist die Beteiligung aller Teilnehmenden essenziell. Es genügt nicht, physisch anwesend zu sein - es braucht echte Präsenz, Einlassen und Mitdenken. Nur wenn alle mitwirken, kann sich das volle Potenzial der Supervision entfalten. Dabei ist es Aufgabe der Supervisor:in, die Beteiligung zu fördern, zurückhaltende Stimmen einzuladen und dominante Redeanteile auszubalancieren. Eine zu große Gruppe erschwert diesen Prozess erheblich - daher sollte stets auf eine angemessene Gruppengröße geachtet werden.

Die Beteiligung aller ist nicht nur eine Frage der Fairness, sondern ein wesentlicher Bestandteil lernender Systeme. Wenn alle zu Wort kommen, entsteht ein vielstimmiges Bild, das die Realität differenziert widerspiegelt. Gleichzeitig stärkt es das Verantwortungsgefühl der Beteiligten - sie erleben sich nicht als passive Beobachter:innen, sondern als aktive Mitgestaltende. Die Supervisor:in achtet daher auf Balance, auf Pausenräume für Reflexion und auf eine Gesprächsführung, die auch leisen Stimmen Ausdruck verleiht.

Jede:r sollte zu Wort kommen

Das Prinzip der Partizipation ist kein Selbstzweck, sondern eine Haltung. Wenn jede Stimme zählt, entsteht ein Klima der Anerkennung und des gegenseitigen Lernens. Gerade in Teams, in denen Machtverhältnisse, Hierarchien oder Spannungen eine Rolle spielen, ist es bedeutsam, allen Raum zu geben. Die Supervisor:in achtet bewusst darauf, dass niemand übergangen oder vereinnahmt wird - und dass auch leise Beiträge Gehör finden.

Darüber hinaus fördert das Prinzip, dass jede:r zu Wort kommt, auch die Fähigkeit, Unterschiede auszuhalten und verschiedene Sichtweisen nebeneinander stehen zu lassen. Es lehrt Respekt vor Diversität, Dialogfähigkeit und gegenseitige Wertschätzung. Dies stärkt nicht nur den Gruppenzusammenhalt, sondern wirkt oft weit über den Supervisionsraum hinaus in die alltägliche Zusammenarbeit hinein. Die Supervisor:in gestaltet diesen Raum aktiv, indem sie alle einlädt, aber niemanden zwingt - und indem sie dafür sorgt, dass Beiträge gewürdigt, aber nicht bewertet werden.

Einen guten Einstieg gestalten

Der Beginn einer Supervision prägt oft den weiteren Verlauf. Ein gelungener Einstieg schafft Vertrauen, Öffnung und klärt den Fokus. Dies kann durch eine Einstiegsrunde, eine kurze Standortbestimmung oder ein bewusst gesetztes Anfangsthema geschehen. Der Einstieg sollte niederschwellig und zugleich sinnvoll strukturiert sein - er signalisiert: Hier ist ein sicherer Ort für Reflexion und Entwicklung.

Ein guter Einstieg ist weit mehr als eine Formalität - er ist ein ritueller Übergang vom Alltag in den Reflexionsraum. Er ermöglicht es den Teilnehmenden, innerlich anzukommen, sich zu sammeln und erste Impulse einzubringen. Gleichzeitig dient er der Supervisor:in als Stimmungsbarometer: Welche Themen sind aktuell, welche Dynamiken zeigen sich, wie präsent ist die Gruppe? Der Einstieg kann bewusst mit Symbolen, Bildern oder Fragestellungen gestaltet werden, um Kreativität und innere Beteiligung zu fördern.

Kompetent, aber nicht allwissend

Supervisor:innen bringen Fachwissen, methodische Kompetenz und Erfahrung mit - doch sie sind keine allwissenden Expert:innen. Ihre Aufgabe ist es nicht, fertige Lösungen zu präsentieren, sondern die Supervisand:innen zu ermutigen, ihre eigenen Lösungen zu entwickeln. Eine gute Supervisor:in kennt die Grenzen ihrer Rolle, fragt statt zu belehren und unterstützt, ohne zu lenken. Diese Haltung schafft Vertrauen und stärkt die Eigenverantwortung der Teilnehmer:innen.

Die kompetente Supervisor:in zeichnet sich dadurch aus, dass sie mit Unsicherheit umgehen kann - dass sie nicht alles wissen muss, sondern kluge Fragen stellt. Sie bleibt neugierig, offen und lernbereit. Ihre Rolle ist die der Prozessverantwortlichen, nicht der Lösungslieferantin. Das bedeutet auch, mit Ambivalenzen leben zu können und die Supervisand:innen darin zu begleiten, mit Widersprüchen konstruktiv umzugehen. Diese Haltung ist besonders wertvoll in Zeiten hoher Komplexität oder organisationaler Umbrüche.

Achtsamkeit gegenüber Voyeurismus

In Supervisionen - insbesondere bei Fallbesprechungen oder Teamkonflikten - können sehr persönliche, intime oder belastende Inhalte zur Sprache kommen. Hier braucht es besondere Sensibilität. Supervision darf niemals zur Bühne für Neugierde, zum Spektakel oder zur Projektionsfläche werden. Die Supervisor:in ist dafür verantwortlich, den Raum so zu halten, dass Wertschätzung, Schutz und Integrität gewahrt bleiben. Grenzverletzungen, unterschwelliger Voyeurismus oder gruppendynamischer Druck sind ernst zu nehmende Risiken - ihnen muss professionell begegnet werden.

Voyeurismus kann sich subtil äußern - etwa durch sensationslüsterne Nachfragen, durch ausgedehntes Verweilen bei emotional aufgeladenen Themen oder durch ein unausgesprochenes Bedürfnis nach Dramatik. Eine professionelle Supervisor:in erkennt diese Tendenzen frühzeitig und interveniert klar und feinfühlig. Sie schützt die Intimsphäre der Beteiligten, ohne wichtige Themen zu tabuisieren. Entscheidend ist, dass Supervision ein sicherer Ort bleibt, an dem auch schwierige Erfahrungen geteilt werden können - in einem Rahmen, der respektvoll, verantwortungsvoll und professionell gestaltet ist.

Supervision lebt von einer Haltung der Achtsamkeit, Klarheit und Verantwortung. Die hier beschriebenen Grundprinzipien bilden das tragende Fundament für einen gelingenden Supervisionsprozess. Sie zeigen, dass Supervision mehr ist als das bloße Besprechen beruflicher Herausforderungen - sie ist ein methodisch geleiteter Reflexionsraum, der Entwicklung, Entlastung und Erkenntnis fördert.

Besonders bedeutsam ist die Rolle der Supervisor:in als Außenstehende, die durch ihre professionelle Distanz Dynamiken sichtbar machen, blinde Flecken aufzeigen und neue Perspektiven eröffnen kann. Sie sorgt für einen sicheren Rahmen, in dem Vertrauen wachsen und Veränderung stattfinden kann. Gleichzeitig trägt sie die Verantwortung, Prozesse zu strukturieren, Teilhabe zu ermöglichen und achtsam mit sensiblen Inhalten umzugehen.

Supervision ist dann wirksam, wenn sie langsam, wertschätzend und dialogisch geführt wird - wenn sie Menschen ermutigt, hinzusehen, zu verstehen und aus diesem Verständnis heraus neue Handlungsspielräume zu erschließen. In einer Zeit, in der berufliche Anforderungen zunehmend komplexer werden, bietet Supervision einen geschützten Raum zur Stärkung professioneller Identität und zur Förderung gemeinsamer Lernprozesse.

Sie ist nicht nur ein Instrument der Qualitätssicherung, sondern auch ein Ausdruck einer Haltung: der Haltung, dass Entwicklung Zeit braucht, dass jede Stimme zählt und dass professionelle Begleitung mehr ist als das Vermitteln von Wissen - sie ist Beziehung, Resonanz und gemeinsame Verantwortung für gelingende Arbeitsbeziehungen.

Mögliche Themen einer Supervision

In der Supervision begegnen uns eine Vielzahl von Themen, die sowohl die berufliche Rolle als auch die dahinterstehenden persönlichen Muster, Dynamiken und Herausforderungen betreffen. Dabei ist es von zentraler Bedeutung, den Supervisionsprozess nicht auf die Bearbeitung einzelner Fallbeispiele oder Konflikte zu reduzieren, sondern ihn als ganzheitliche Möglichkeit der Reflexion, Weiterentwicklung und Stärkung zu verstehen. Die Themen, die in Supervision eingebracht werden, sind so vielfältig wie die Menschen und Kontexte, in denen sie tätig sind. Dennoch lassen sich einige wiederkehrende Anliegen erkennen, die in der Praxis eine besondere Relevanz haben.

Ein zentrales Thema ist die Abgrenzung - sowohl gegenüber den Anforderungen des Systems als auch gegenüber den Bedürfnissen, Erwartungen und Projektionen von Klient:innen, Kolleg:innen oder Vorgesetzten. Gerade in psychosozialen oder helfenden Berufen ist die Gefahr der Überforderung durch übermäßige Identifikation mit den Anliegen anderer groß. Supervision schafft hier einen Reflexionsraum, in dem eigene Grenzen erkennbar und als legitimer Bestandteil professionellen Handelns anerkannt werden können. Abgrenzung bedeutet nicht Rückzug, sondern die bewusste Entscheidung, Verantwortung dort zu übernehmen, wo sie angebracht ist - und sie dort abzugeben, wo sie nicht mehr in der eigenen Zuständigkeit liegt.

Reflexionsfragen:

- Wo fällt es mir schwer, mich klar abzugrenzen - und warum?
- Welche Situationen oder Menschen lösen in mir ein übergroßes Verantwortungsgefühl aus?
- Wie erkenne ich, wann meine Unterstützung hilfreich ist - und wann sie zu viel wird?

Eng damit verknüpft ist die Klärung von Kompetenzen. Wer bin ich in meinem beruflichen Kontext? Welche Rolle nehme ich ein - und welche Erwartungen sind realistisch an mich gerichtet? Welche Kompetenzen bringe ich mit, und in welchen Bereichen erlebe ich Unsicherheit oder Überforderung? In der Supervision kann es hilfreich sein, zwischen fachlichen, methodischen, sozialen und persönlichen Kompetenzen zu unterscheiden und sie in Relation zur konkreten beruflichen Aufgabe zu setzen. Auch unausgesprochene Rollenzuschreibungen durch das System oder durch Klient:innen können hier bewusst gemacht und hinterfragt werden.

Reflexionsfragen:

- In welchen Rollen fühle ich mich sicher - in welchen unsicher?
- Welche meiner Kompetenzen werden im Berufsalltag besonders gefordert - und welche bleiben eher im Hintergrund?
- Wo empfinde ich Diskrepanzen zwischen dem, was von mir erwartet wird, und dem, was ich leisten kann oder will?

Ein weiterer häufig auftretender Anlass für Supervision ist das Gefühl, sich in einer beruflichen Sackgasse zu befinden. Wenn bewährte Strategien nicht mehr greifen, wenn Entscheidungen schwerfallen oder wenn die eigene Motivation schwindet, braucht es einen Ort, an dem diese Stagnation ohne Druck und mit professioneller Begleitung bearbeitet werden kann. Supervision kann helfen, das bisherige Handeln zu verstehen, festgefahrene Denkmuster zu durchbrechen und neue, kreative Handlungsoptionen zu entwickeln. In diesem Sinne ist sie auch eine Ressource zur Krisenprävention und Burnout-Prophylaxe.

Reflexionsfragen:

- Wo erlebe ich momentan Stillstand oder Unzufriedenheit in meiner Arbeit?
- Was habe ich bereits versucht - und warum hat es (noch) nicht gewirkt?

- Was würde ich tun, wenn ich keine Angst hätte, einen Fehler zu machen?

Nicht zu unterschätzen ist der Einfluss persönlicher Vorerfahrungen auf das berufliche Handeln. Viele Menschen wählen helfende oder beratende Berufe auch deshalb, weil sie selbst prägende Erfahrungen gemacht haben - sei es durch frühere Verletzungen, durch familiäre Prägungen oder durch eigene Transformationsprozesse. Diese Erfahrungen können wertvolle Ressourcen darstellen, aber auch unbewusste Fallstricke bergen. Supervision ermöglicht es, solche biografischen Einflüsse sichtbar zu machen, sie in ihrer Wirkung zu reflektieren und gegebenenfalls zu bearbeiten. Ziel ist es, nicht von alten Mustern gesteuert zu werden, sondern eine bewusste und authentische professionelle Haltung zu entwickeln.

Reflexionsfragen:

- Welche biografischen Erfahrungen beeinflussen meine Haltung gegenüber bestimmten Klient:innengruppen?
- Wo reagiere ich emotional stärker als die Situation es eigentlich verlangt?
- Welche meiner persönlichen Erfahrungen sind eine Ressource - welche eher eine Belastung?

Eng verwoben mit diesem Thema ist die Frage nach Übertragungen und Gegenübertragungen. In jeder professionellen Beziehung wirken unbewusste Prozesse, in denen vergangene Beziehungserfahrungen in gegenwärtige Interaktionen einfließen. Wenn eine Klientin beispielsweise eine übermäßige Abhängigkeit entwickelt oder ein Berater sich übermäßig verantwortlich fühlt, lohnt es sich, diese Dynamiken zu beleuchten. Supervision bietet den geschützten Rahmen, um solche Prozesse achtsam zu erkunden, ohne sie zu pathologisieren. Dabei geht es nicht um Diagnostik, sondern um ein vertieftes Verstehen dessen, was zwischen Menschen geschieht - und um die Frage, wie mit diesen Erkenntnissen im professionellen Handeln umgegangen werden kann.

Reflexionsfragen:

- Gibt es Klient:innen, die bei mir starke Sympathien oder Antipathien auslösen?
- Wo könnte mein Verhalten eher eine Reaktion auf alte Muster als auf die aktuelle Situation sein?
- Welche Gefühle gehören wirklich zur Situation - und welche bringe ich (unbewusst) mit hinein?

Neben diesen persönlichen und relationalen Aspekten geht es in der Supervision auch um fachliche Fragestellungen. Manchmal braucht es eine fundierte Rückmeldung zu methodischen Fragen, zu ethischen Dilemmata oder zu konkreten Handlungsmöglichkeiten. Supervision ist kein Therapiesetting, sondern ein Fachgespräch - das bedeutet auch, dass Supervisor:innen nicht nur empathisch begleiten, sondern bei Bedarf auch fachlich fundierte Impulse geben und eigene Perspektiven einbringen dürfen. Vorschläge und Deutungsangebote werden dabei immer als Einladung zur Reflexion verstanden, nicht als Anweisung. Der respektvolle Umgang mit der Autonomie der supervisierten Person ist dabei oberstes Gebot.

Reflexionsfragen:

- Wo wünsche ich mir konkrete fachliche Unterstützung oder Rückmeldung?
- Welche Fragestellungen bewegen mich methodisch oder ethisch besonders?
- In welchen Situationen würde mir eine alternative Perspektive helfen, Klarheit zu gewinnen?

Am Ende steht oft der Wunsch nach mehr Klarheit: über die eigene Rolle, über Beziehungen im Team, über die Struktur des Systems oder über die Wirkung des eigenen Tuns. Diese Klarheit entsteht nicht immer sofort - manchmal braucht es mehrere Sitzungen, um Nebel zu lichten, Zusammenhänge zu erkennen und eigene Schlüsse zu ziehen. Supervision ist kein Ort für schnelle Lösungen, sondern für nachhaltige Prozesse.

Sie lebt vom Vertrauen, von der Bereitschaft zur Selbstreflexion und von einer professionellen Beziehung auf Augenhöhe.

Reflexionsfragen:

- Was genau ist mein Anliegen - und was erhoffe ich mir von der Supervision?
- Wo wünsche ich mir mehr Klarheit - und was könnte ein erster Schritt dahin sein?
- Welche Erkenntnisse nehme ich aus der Supervision mit in meinen Berufsalltag?

Supervision ist weit mehr als ein Ort zur Fallbesprechung - sie ist ein Raum für Entwicklung, Klärung und Selbstfürsorge. Die Vielfalt möglicher Themen spiegelt die Komplexität professionellen Handelns wider. Ob es um Abgrenzung, Rollenklarheit, biografische Einflüsse oder fachliche Fragen geht: Supervision schafft die Möglichkeit, innezuhalten, nachzudenken und neue Handlungsspielräume zu entdecken. Durch gezielte Reflexionsfragen kann dieser Prozess vertieft und bewusst gestaltet werden. So wird Supervision zu einem kraftvollen Instrument professioneller Qualitätssicherung und persönlicher Stärkung.

Klärung: Welchen Stellenwert soll die Supervision in meinem Portfolio einnehmen?

Ein wesentlicher Schritt auf dem Weg zu einer professionellen und authentischen Supervisonspraxis ist die bewusste Auseinandersetzung mit der eigenen beruflichen Identität. Supervision ist kein beliebig ergänzbares Element im Methodenrepertoire, sondern ein eigenständiger, anspruchsvoller Arbeitsbereich, der ein klares Selbstverständnis erfordert. Deshalb lohnt es sich, innezuhalten und sich gezielt zu fragen: Welchen Stellenwert soll Supervision in meinem professionellen Portfolio einnehmen?

Diese Frage eröffnet einen Raum der Selbstvergewisserung und Zielausrichtung. Wer sich ihr stellt, entscheidet sich dafür, die eigene Rolle nicht nur funktional, sondern auch bewusst und werteorientiert zu gestalten. Supervision lässt sich nicht beliebig ins eigene berufliche Profil einfügen - sie will getragen, verstanden und mit Leben gefüllt werden. Dafür braucht es Klarheit über das eigene Selbstverständnis, über die persönliche Motivation, über Ressourcen, Grenzen und Entwicklungswünsche. Nur wer weiß, wofür er oder sie steht, kann im Beratungsprozess Orientierung geben.

Die Klärung dieser Frage berührt auch grundlegende Aspekte der persönlichen und beruflichen Entwicklung. Wer bin ich - und wer möchte ich sein - in meinem professionellen Wirken? Was macht meine Haltung, mein Profil und meine spezifische Qualität als Supervisor:in aus? Wie soll sich meine Rolle in den nächsten Jahren entfalten? Welche Felder sprechen mich besonders an - arbeite ich lieber intern im Rahmen von Organisationen oder als externe/r Supervisor:in mit vielfältigen Kund:innen? Möchte ich eher fallbezogen, prozessbegleitend, teamorientiert oder strukturell beratend tätig sein?

Die Beantwortung dieser Fragen ist ein individueller Klärungsprozess, der sowohl Ressourcen als auch Entwicklungspotenziale sichtbar macht. Was bringe ich bereits an Erfahrungen, Kompetenzen, persönlichen Stärken und fachlicher Qualifikation mit? Und was braucht es noch, um meine

Vision von Supervision professionell umzusetzen - sei es methodisches Know-how, spezifisches Wissen über Zielgruppen oder strukturelle Rahmenbedingungen?

Zur Unterstützung dieser Standortbestimmung können folgende Reflexionsfragen dienen:

- Was ist meine berufliche Identität - und wie bin ich dahin gekommen?
- Wie möchte ich mich als Supervisor:in weiterentwickeln?
- Welche Formen von Supervision passen zu mir - und zu meinen Werten?
- Wo sehe ich mich tätig? In welchen Settings, mit welchen Menschen, zu welchen Themen?
- Was bringe ich schon mit - fachlich, menschlich, biografisch?
- Was fehlt mir noch - und wie kann ich es mir aneignen?

Je klarer und bewusster das eigene Selbstverständnis als Supervisor:in formuliert ist, desto überzeugender und wirkungsvoller kann diese Rolle auch gelebt werden. Diese Klärung ist keine einmalige Aufgabe, sondern ein fortlaufender Prozess - doch sie bildet die Grundlage für eine stimmige, reflektierte und erfolgreiche Supervisionspraxis.

Wozu diese ganze Reflexion?

Reflexion ist das Herzstück supervisorischer Praxis. Wer Supervision professionell ausüben möchte, braucht mehr als Methodenwissen oder systemisches Know-how - er oder sie braucht die Bereitschaft, sich selbst fortlaufend zu befragen, zu beobachten und weiterzuentwickeln. Supervision verlangt nicht nur fachliches Handeln, sondern ein tiefes Verständnis der eigenen Rolle, Wirkung und Grenzen. In einem Arbeitsfeld, das stark auf Beziehung, Kommunikation und Dynamik beruht, ist Selbstreflexion kein Luxus, sondern Voraussetzung für Qualität, Integrität und Wirksamkeit.

Der erste zentrale Gewinn aus dieser Auseinandersetzung ist das Sichtbarmachen sogenannter *blinder Flecken*. Jeder Mensch hat sie - und sie sind weder Zeichen von Inkompetenz noch von Unachtsamkeit, sondern Ausdruck unserer psychischen Struktur. Wir alle haben Anteile, Verhaltensmuster oder Wahrnehmungsverzerrungen, die uns selbst verborgen bleiben. In der supervisorischen Arbeit kann es jedoch bedeutsam sein, sich diesen Bereichen bewusst zu nähern. Denn was mir selbst nicht bewusst ist, kann dennoch wirken - in meinen Begegnungen, in meiner Sprache, in meiner Haltung gegenüber Klient:innen oder Gruppen. Durch Reflexion entstehen Räume, in denen bisher Unsichtbares sichtbar werden darf - ohne Schuld, aber mit Verantwortung.

Ein weiterer Aspekt ist die Möglichkeit, *eingeschliffene Muster* zu erkennen. Im Laufe der Jahre entwickeln wir Routinen - in unserem Denken, in unserer Beziehungsgestaltung, in unseren Interventionen. Vieles davon ist hilfreich und bewährt, manches jedoch wird zu einem Automatismus, der uns an Flexibilität verlieren lässt. Reflexion bedeutet, innezuhalten und sich zu fragen: Handle ich gerade aus freier Entscheidung - oder weil ich es „immer so mache"? Wo bin ich lebendig und wach - und wo funktioniere ich nur noch? Wer sich diese Fragen stellt, öffnet sich für Entwicklung, auch jenseits vermeintlicher Professionalität.

Ein besonders wirksames Instrument ist die *Spiegelung von Eigen- und Fremdbild*. Häufig erleben wir uns selbst anders, als andere uns wahrnehmen. Während wir vielleicht glauben, ruhig und klar zu kommunizieren, kann unser Gegenüber Unsicherheit oder Distanz empfinden. Die Auseinandersetzung mit Rückmeldungen aus Supervision, Kollegium oder Klient:innenkontakt bietet die Chance, unsere Wirkung bewusster zu erleben und damit gezielter gestalten zu können. Diese Form der Selbstbeobachtung erweitert unser Repertoire, erhöht unsere kommunikative Feinfühligkeit und stärkt unsere professionelle Präsenz.

In der Arbeit mit Teams und Gruppen hilft Reflexion, den *eigenen Beitrag zu Dynamiken und Konflikten* besser zu verstehen. Es ist ein Irrtum zu glauben, man könne Gruppenprozesse von außen beobachten, ohne selbst Teil davon zu sein. Supervisor:innen sind Mitspieler:innen im Feld, selbst wenn sie sich in der Beobachtungsrolle wähnen. Das bedeutet, dass jede Emotion, jede Intervention, jede Form von Nähe oder Distanz eine Wirkung hat - bewusst oder unbewusst. Wer sich regelmäßig fragt, wie die eigene Haltung, Sprache und Positionierung auf das Gruppengeschehen wirkt, entwickelt die Fähigkeit, auch unter Spannung handlungsfähig und differenziert zu bleiben.

Reflexion dient darüber hinaus der *Qualitätssicherung*. Sie schützt uns davor, in Routinen zu verharren oder die eigene Praxis unkritisch zu glorifizieren. Gerade in der Beratung, wo wir es mit komplexen und oft emotional aufgeladenen Situationen zu tun haben, ist es notwendig, das eigene Handeln immer wieder zu überprüfen. Habe ich ethische Grundsätze gewahrt? War meine Intervention hilfreich oder eher störend? Habe ich das System genügend berücksichtigt oder bin ich zu sehr auf Einzelaspekte fokussiert? Reflexion macht uns nicht fehlerfrei - aber sie macht uns lernbereit. Und das ist die Voraussetzung für echte Professionalität.

Gleichzeitig wirkt Reflexion *motivationsfördernd und flexibilisierend*. Wer sich die Zeit nimmt, das eigene Denken und Handeln zu hinterfragen, erlebt häufig neue Impulse, frische Sichtweisen und eine Erweiterung des Handlungsspielraums. Gerade in Zeiten von Frustration, Überlastung oder beruflicher Orientierungslosigkeit kann Reflexion ein kraftvoller Gegenpol sein: ein Ort, an dem Sinnfragen gestellt, Ressourcen erinnert und neue Perspektiven entdeckt werden. Sie ist nicht nur Rückblick, sondern auch Aufbruch.

Ein oft unterschätzter Aspekt ist die *Förderung von Selbstverantwortung*. In der Supervision begegnen wir nicht selten dem Wunsch, schwierige Situationen auf äußere Bedingungen zu schieben - auf das System, die Organisation, die anderen. Reflexion dreht diesen Blick nach innen. Sie fragt nicht: „Wer ist schuld?", sondern: „Was ist mein Anteil? Was kann ich tun?" Diese Haltung ist nicht bequem, aber sie ist kraftvoll. Sie macht uns zum aktiven Gestalter unseres beruflichen Wirkens - statt zum Spielball äußerer Umstände.

Nicht zuletzt vermittelt uns Reflexion *ein tieferes Verständnis für Gruppenprozesse, Interaktionen und Kommunikationsabläufe*. Wer sich selbst als Teil eines sozialen Systems begreift, lernt, Phänomene wie Rollenzuschreibungen, Machtverteilungen, Konfliktdynamiken oder nonverbale Botschaften differenziert wahrzunehmen. Dieses Wissen ist keine Theorie für die Schublade - es ist gelebte Praxis. Es befähigt uns, Prozesse achtsam zu begleiten, Spannungen zu deuten und Veränderung wirksam zu initiieren.

Kurz gesagt: Reflexion ist keine „Zutat" zur Supervision, sondern ihr Fundament. Sie schafft Bewusstsein, vertieft die Haltung, klärt die Rolle und stärkt die Wirksamkeit. Wer sich dieser Praxis verpflichtet, entwickelt sich nicht nur fachlich, sondern auch menschlich weiter - und wird zu einer echten Ressource für andere.

Reflexionsübung: Kurzer Selbstcheck für Supervisor:innen

Nimm dir 10-15 Minuten Zeit, um die folgenden Fragen schriftlich zu beantworten. Gehe dabei ehrlich und ohne Anspruch auf „richtige" Antworten vor. Es geht nicht um Perfektion, sondern um Erkenntnis.

1. Was sehe ich an mir selbst nicht - was andere vielleicht sehr wohl wahrnehmen? Gibt es Verhaltensweisen, Reaktionen oder Muster, die mir erst durch Rückmeldungen bewusst wurden?

2. Wann reagiere ich im beruflichen Kontext „automatisch" - und wann bewusst? Welche Routinen haben sich eingeschlichen? Wo handle ich intuitiv, wo reflexhaft?

3. Wie erlebe ich meine Wirkung auf Gruppen oder Einzelpersonen? Woran merke ich, dass meine Interventionen ankommen - oder auch nicht?

4. Was ist mein Anteil an schwierigen Dynamiken oder Konflikten? → Wo könnte ich durch mein Verhalten ungewollt etwas verstärken oder blockieren?

5. Woran erkenne ich, dass ich professionell arbeite? Was sind meine Qualitätsmaßstäbe - und überprüfe ich sie regelmäßig?

6. Welche neuen Sichtweisen habe ich in letzter Zeit gewonnen - und wie haben sie mein Handeln verändert?

7. Wie gehe ich mit Fehlern oder Irritationen in meiner Arbeit um? Reagiere ich mit Rechtfertigung, Rückzug - oder mit Lernbereitschaft?

8. Was inspiriert mich derzeit in meiner supervisorischen Tätigkeit - und was fordert mich heraus?

Wer fragt, der führt

Warum Fragen in der Supervision unerlässlich sind

Fragen gehören zu den wirksamsten Werkzeugen in der Supervision. Sie sind der Schlüssel zur Reflexion, zur Entwicklung neuer Perspektiven und zum Aufbrechen festgefahrener Denkmuster. In der supervisorischen Arbeit geht es nicht darum, schnelle Lösungen oder einfache Antworten zu liefern - sondern darum, Räume zu öffnen, in denen neue Sichtweisen entstehen können. Und genau das gelingt vor allem durch gezielte, achtsam eingesetzte Fragen.

Dass Fragen so machtvoll sind, hat schon der Volksmund erkannt: „Wer fragt, der führt." Dieser Satz ist nicht nur eine Redewendung, sondern enthält eine tiefere Wahrheit, die gerade im Kontext von Supervision besondere Bedeutung gewinnt. Denn wer Fragen stellt, lenkt Aufmerksamkeit, strukturiert Denkprozesse, gestaltet Kommunikation - und übernimmt Verantwortung für den Verlauf eines Gesprächs oder Prozesses.

Doch was bedeutet es, in der Supervision zu „führen", ohne zu dominieren? Wie gelingt es, mit Fragen echte Offenheit zu fördern, statt Manipulation oder Steuerung zu betreiben? Welche Wirkung haben Fragen auf das Erleben der Supervisand:innen - und was unterscheidet eine hilfreiche Frage von einer, die Druck erzeugt oder blockiert? Diese und weitere Fragen wollen wir in diesem Kapitel näher betrachten.

Fragen als Grundlage supervisorischen Handelns

Supervision ist ein reflexiver Prozess. Sie lebt davon, dass Menschen innehalten, zurückschauen, verstehen, neu bewerten und daraus Handlungsmöglichkeiten entwickeln. Ohne Fragen gibt es keine Reflexion - und ohne Reflexion keine Supervision. Supervisor:innen, die gut fragen können, schaffen es, in komplexen Situationen Orientierung zu geben, ohne zu bewerten oder zu überfordern. Sie helfen ihren Klient:innen, sich selbst besser zu verstehen, Muster zu erkennen, Zusammenhänge zu sehen und eigene Ressourcen zu aktivieren. Fragen führen nicht direkt zur

Lösung - aber sie eröffnen Wege dorthin. Im Unterschied zur klassischen Beratung, die mitunter stärker lösungs- oder handlungsorientiert arbeitet, bleibt Supervision länger im Raum der Klärung. Es geht nicht primär darum, *was* zu tun ist, sondern *warum, wofür, mit welcher Haltung* und *in welchem Kontext*. Das erfordert präzisere, offenere, manchmal unbequemere Fragen. Fragen, die nicht nur Informationen abfragen, sondern Denkprozesse anregen.

Fragen führen - aber wohin?

„Wer fragt, der führt" - doch wohin wird geführt? Diese Frage verdient besondere Aufmerksamkeit, denn in der Supervision geht es nicht um eine versteckte Form der Steuerung. Es geht nicht darum, Menschen subtil in eine bestimmte Richtung zu lenken oder sie durch Fragen zu manipulieren. Vielmehr geht es um Prozessführung: Darum, einen Rahmen zu schaffen, in dem sich Klient:innen sicher genug fühlen, um ehrlich hinzusehen, Widersprüche auszuhalten und eigene Antworten zu finden.

Gute Fragen schaffen Struktur, ohne den Inhalt vorzugeben. Sie ermöglichen Tiefe, ohne zu überfordern. Sie regen zur Selbstreflexion an, ohne zu verunsichern. Sie laden ein, Positionen zu hinterfragen, neue Perspektiven zuzulassen und bisher Ungesagtes auszusprechen. In diesem Sinne ist Führung durch Fragen eine Form des Haltens, ein Angebot von Orientierung und Resonanz - kein dirigierendes Eingreifen.

Die Kunst besteht darin, im richtigen Moment die passende Frage zu stellen: nicht zu früh, nicht zu spät, nicht zu fordernd, nicht zu flach. Fragen in der Supervision brauchen ein Gespür für den Prozess, für die Dynamik der Gruppe, für die innere Bereitschaft der Beteiligten.

Die Haltung hinter der Frage

So wichtig das *Wie* einer Frage ist - entscheidend bleibt das *Wozu*. Die Qualität einer Frage hängt nicht nur von ihrer sprachlichen Form, sondern auch von der inneren Haltung ab, mit der sie gestellt wird.

Supervisor:innen, die aus echtem Interesse fragen, signalisieren: „Ich möchte verstehen, nicht bewerten." Sie schaffen damit eine Atmosphäre des Vertrauens, in der Klient:innen sich öffnen können. Fragen, die aus einem Bedürfnis nach Kontrolle oder Besserwisserei heraus gestellt werden, erzeugen hingegen Druck, Scham oder Widerstand.

Eine supervisorische Haltung ist geprägt von Neugierde, Offenheit, Respekt und Geduld. Sie akzeptiert, dass Antworten manchmal Zeit brauchen - oder vielleicht auch gar nicht kommen. Sie stellt Fragen nicht, um Ergebnisse zu erzwingen, sondern um Prozesse in Gang zu setzen. Sie weiß: Nicht jede Frage führt sofort zu einer Lösung - aber jede gut platzierte Frage bringt Bewegung.

Fragen, die in dieser Haltung gestellt werden, wirken oft nachhaltiger als scheinbar brillante Interventionen. Sie laden zur Mitgestaltung ein, eröffnen Räume zur Selbstverantwortung und fördern eine Kommunikationskultur, in der es erlaubt ist, nicht alles zu wissen, sich zu irren oder etwas noch nicht benennen zu können.

Fragen als Einladung zur Selbstführung

Ein zentrales Ziel von Supervision ist es, Menschen in ihrer Selbststeuerung zu stärken. Fragen spielen dabei eine Schlüsselrolle: Sie helfen, die eigene Situation neu zu sehen, Verantwortung zu übernehmen und stimmige Entscheidungen zu treffen. In diesem Sinne sind Fragen nicht nur Werkzeuge supervisorischer Prozessführung - sie sind auch ein Beitrag zur Selbstführung der Klient:innen.

Wer beginnt, sich selbst gute Fragen zu stellen, entwickelt ein inneres Navigationssystem. Das bedeutet nicht, dass alles plötzlich leicht wird - aber es bedeutet, dass man sich nicht mehr ausgeliefert fühlt. Supervisor:innen, die diesen Prozess achtsam begleiten, leisten einen wichtigen Beitrag zur Entwicklung von Selbstreflexionsfähigkeit, innerer Klarheit und beruflicher Handlungsfähigkeit.

Manche Fragen wirken dabei lange nach. Sie hinterlassen Spuren, öffnen Denkprozesse, die erst Tage oder Wochen später Früchte tragen. In einem guten Supervisionsprozess wird sichtbar, wie wertvoll es sein kann, mit der richtigen Frage zur richtigen Zeit ein kleines, aber wirkmächtiges Signal zu setzen.

Gute Fragen sind das Herzstück jeder gelingenden Supervision. Sie strukturieren, vertiefen, klären, öffnen. Sie führen - nicht durch Druck, sondern durch Einladung. Sie helfen, das Unsichtbare sichtbar zu machen, das Unausgesprochene zu benennen, das Komplexe zu sortieren.

Wer fragt, der führt - ja. Aber eben nicht im Sinne von Kontrolle, sondern im Sinne von Verantwortung: für die Qualität des Prozesses, für den Schutz des Raumes, für die Einladung zur Selbstverantwortung.

Als Supervisor:in gut zu fragen heißt: präsent zu sein, genau hinzuhören, zwischen den Zeilen zu lesen - und im richtigen Moment die Frage zu stellen, die den entscheidenden Impuls setzt. Wenn Dir das gelingt, wird Supervision nicht nur professionell, sondern wirksam. Und vielleicht manchmal sogar transformierend.

Systemische Fragetechniken in der Supervision

Ob eine Supervision wirksam ist, hängt maßgeblich davon ab, wie Fragen eingesetzt werden. Systemisch-konstruktivistische Fragen sind dabei ein zentrales Instrument. Sie ermöglichen es Supervisand:innen, in herausfordernden Situationen neue Perspektiven einzunehmen, Muster zu erkennen und Folgedynamiken sichtbar zu machen. Ob eine Frage hilfreich ist, entscheidet allerdings nicht die Supervisor:in - sondern ausschließlich die betroffene Person selbst. Damit eine Frage ihre Wirkung entfalten kann, sollte sie mit Sorgfalt gewählt, bewusst platziert und auf die jeweilige Phase des Supervisionsprozesses abgestimmt sein.

Wir fragen nicht, um Schweigen zu überbrücken oder weil uns nichts Besseres einfällt. Wir fragen, weil wir echtes Interesse haben. Wir fragen, um zu verstehen. Und wenn unsere Fragen zusätzlich Denkprozesse anregen - umso besser.

---

*„Wer sich darauf konzentriert, eine passende Frage
zu stellen, konzentriert sich sehr stark auf den Prozess - wer sich damit beschäftigt, die ‚richtige' Antwort zu finden, bleibt am Inhalt hängen."*
— Sonja Radatz

Systemische Fragen in der Supervision sind fast immer offen formuliert. Sie bieten Supervisand:innen Raum zur eigenen Deutung und laden zur Reflexion ein. Während geschlossene Fragen lediglich mit „Ja" oder „Nein" beantwortet werden können, eröffnen offene Fragen gedankliche Räume, in denen sich neue Sichtweisen entfalten können.

Fritz B. Simon unterscheidet zwischen Fragen nach dem „Außen" - also der Sicht von außen auf ein Verhalten oder Geschehen - und Fragen nach dem „Innen", also nach der subjektiven Bedeutung für die betroffene Person. In der Supervision sind beide Perspektiven wichtig, jedoch liegt ein besonderes Potenzial in den Fragen nach dem Erleben, den inneren

Bewertungen und der emotionalen Bedeutung. Denn nicht das objektiv Erklärbare steht im Mittelpunkt, sondern das individuell Relevante.

Systemisch-konstruktivistische Fragen fördern Denk- und Veränderungsprozesse. Sie ermöglichen neue Einsichten, die über Bekanntes hinausgehen. Diese Einsichten entstehen nicht durch die Vermittlung von Wissen, sondern durch die Erfahrung eines Perspektivwechsels, durch das Verknüpfen bisher getrennter Aspekte und durch die Relativierung eigener Sichtweisen im Spiegel neuer Kontexte. So können aus alten Problemen neue Möglichkeiten erwachsen.

Eine gute Frage erkennt man oft daran, dass sie nachwirkt. Dass sie nicht sofort beantwortet wird. Dass sie ein Innehalten auslöst. Dass das Gegenüber Zeit braucht, um in sich hinein zu hören. Die Qualität einer Frage zeigt sich also nicht in der Geschwindigkeit ihrer Beantwortung, sondern in der Tiefe, die sie auslöst. Supervisand:innen, die über eine Frage nachdenken dürfen, ohne unterbrochen oder gedrängt zu werden, entwickeln ein tieferes Verständnis für sich und ihre Situation.

Der deutsche Arzt und Hypnotherapeut Gunther Schmidt spricht in diesem Zusammenhang von der „heiligen Zeit des Klienten" - ein Begriff, den wir auch auf die Supervision übertragen können. Diese „heilige Zeit" meint die Phase zwischen einer Frage und der beginnenden Antwort, in der im Inneren etwas arbeitet, bevor es in Sprache gefasst werden kann. Unterbrechen wir diesen Prozess vorschnell, reißen wir Menschen aus ihrem Denkfluss. Lassen wir ihn zu, würdigen wir die Tiefe, aus der neue Erkenntnisse entstehen.

Gerade angehende Supervisor:innen haben manchmal Sorge, dass eine Frage nicht verstanden wurde, wenn sie nicht sofort beantwortet wird. In der Regel fragen Supervisand:innen nach, wenn ihnen etwas unklar ist. Falls nicht, kann eine präzisierende Nachfrage hilfreicher sein als ein vorschnelles Wiederholen. Es ist Teil professioneller supervisorischer Haltung, mit der entstehenden Leere - mit dem Schweigen - präsent zu bleiben. Diese Leere ist nicht Ausdruck von Unsicherheit, sondern von Tiefe.

In der Supervision stellen wir keine Fragen aus Neugier oder zur Selbstdarstellung. Wir stellen Fragen, um den Reflexionsprozess zu unterstützen. Jede Frage ist ein Impuls, ein Angebot, eine Einladung zur Selbsterforschung. Dabei ist die Qualität einer Frage weniger von ihrer Formulierung abhängig als von der inneren Haltung, aus der heraus sie gestellt wird: Respekt, echtes Interesse, Offenheit und Vertrauen.

In den folgenden Abschnitten werden verschiedene systemisch-konstruktivistische Fragetechniken vorgestellt - jeweils in den Kontext Supervision eingebettet. Viele der Fragen lassen sich flexibel einsetzen, manche passen besser in bestimmte Phasen oder Situationen. Sie alle verbindet, dass sie gezielt Denkprozesse anstoßen sollen - nicht im Sinne von Kontrolle, sondern im Sinne eines professionell begleiteten Selbsterkundungsprozesses. Die Supervision ist kein Ort für Smalltalk - sondern ein Raum, in dem Menschen mit sich selbst und ihrer beruflichen Wirklichkeit in Kontakt kommen. Gute Fragen helfen dabei, diesen Raum lebendig und wirksam zu gestalten.

Historisierende Fragen in der Supervision

Historisierende Fragen helfen dabei, biografische oder berufliche Erfahrungen mit ähnlichen Situationen zu reflektieren. Sie fördern das Verständnis dafür, wie aktuelle Themen entstanden sind, welche bisherigen Lösungsversuche es gab und welche Muster sich dabei möglicherweise wiederholen. In der Supervision sind sie besonders im Erstgespräch oder in der Auftragsklärung hilfreich, um gemeinsam zu rekonstruieren, wie ein Thema gewachsen ist - und was bereits unternommen wurde, um es zu bearbeiten.

Diese Fragen liefern Supervisor:innen wertvolle Informationen über die individuelle Problem- oder Entwicklungsgeschichte der Supervisand:innen. Gleichzeitig geben sie den Klient:innen die Möglichkeit, ihre eigene Kompetenzgeschichte zu würdigen - denn oft werden vergangene Anstrengungen, Fortschritte oder sogar Teilerfolge im gegenwärtigen Belastungserleben übersehen oder entwertet.

Historisierende Fragen ermöglichen eine Rückschau ohne Bewertung - und machen deutlich, dass aktuelle Herausforderungen selten aus dem Nichts entstehen. Sie laden dazu ein, Verläufe zu rekonstruieren, Muster zu erkennen und auch kleine Schritte in der Vergangenheit als Ressource für zukünftige Entwicklungen sichtbar zu machen.

Typische Fragen könnten lauten:

- Hatten Sie bereits früher mit ähnlichen Situationen zu tun?
- Was haben Sie damals getan, um damit umzugehen - und was davon war hilfreich?
- Wie hat sich das aktuelle Thema im Laufe der Zeit entwickelt?
- Gab es einen konkreten Auslöser oder eine Reihe von kleinen Auslösern?
- Welche Lösungsversuche haben Sie bisher unternommen - und mit welchem Ergebnis?
- Was war hilfreich, auch wenn es das Problem nicht vollständig gelöst hat?

- Was hat Sie bisher daran gehindert, das Thema anzusprechen oder
  anzugehen?
- Welche Ressourcen oder Unterstützungen haben Ihnen in ähnlichen Situationen in der Vergangenheit geholfen?

Praxisbeispiel: Historisierende Fragen

Ausgangssituation:
Ein Teamleiter bringt ein Thema mit in die Supervision: „Ich habe das
Gefühl, dass ich mit meinem Team einfach nicht mehr weiterkomme."
Auf Nachfrage schildert er einige Konflikte, bleibt aber eher vage und
wirkt resigniert. Die Ausgangslage ist unklar, frühere Entwicklungen
oder Lösungsversuche wurden bislang nicht thematisiert.

Supervisorische Intervention:
Die Supervisor:in stellt eine historisierende Frage:

*„Gab es eine Zeit, in der die Zusammenarbeit im Team für Sie besser
funktioniert hat? Und wenn ja - was war damals anders?"*

Reaktion:
Der Teamleiter beginnt, von einer Phase vor zwei Jahren zu erzählen, in
der das Team kleiner war und er selbst mehr Zeit für Einzelgespräche
hatte. Er erkennt, dass sich mit dem Wachstum des Teams auch seine
Rolle verändert hat - und dass bestimmte Rituale und Kommunikations-
wege verloren gegangen sind.

Supervisionsnutzen:
Durch den Rückblick wird deutlich, dass der aktuelle Zustand nicht
selbstverständlich ist. Frühere Ressourcen und funktionierende Strukturen können wieder bewusst gemacht - und vielleicht neu belebt oder
angepasst werden.

Zielorientierte Fragen in der Supervision

Supervision bewegt sich oft zwischen Problemwahrnehmung und Lösungsorientierung. Zielorientierte Fragen helfen dabei, den Blick bewusst von der Problemgeschichte weg und auf zukünftige Möglichkeiten zu lenken. Sie sind besonders dann hilfreich, wenn das Anliegen diffus bleibt, sich das Gespräch im Kreis dreht oder das Belastungserleben überhandnimmt. In solchen Momenten können präzise formulierte Ziele Halt, Struktur und Richtung geben.

Zielorientierte Fragen laden die Supervisand:innen ein, ihre eigenen Vorstellungen von Entwicklung, Veränderung oder Verbesserung in Worte zu fassen. Dabei geht es nicht darum, sofort konkrete Lösungen zu entwickeln - vielmehr soll durch die Zielklärung deutlich werden, *wohin* der Prozess führen soll. Denn nur wenn die Richtung klar ist, kann der Weg dahin bewusst beschritten werden.

Ziele in der Supervision können unterschiedlich aussehen: Manche sind operativ (z. B. ein klärendes Gespräch mit einer Führungskraft vorbereiten), andere sind prozessorientiert (z. B. mehr Sicherheit im beruflichen Handeln gewinnen). Wieder andere betreffen die eigene Haltung, die Beziehung zu Kolleg:innen oder die Rolle im Team. Entscheidend ist, dass das Ziel aus dem Erleben der Supervisand:innen selbst entsteht - nicht aus den Vorstellungen der Supervisor:in.

Zielorientierte Fragen fördern Eigenverantwortung und Selbstwirksamkeit. Wer das eigene Ziel formuliert, übernimmt auch Verantwortung für die nächsten Schritte - und erlebt sich nicht mehr nur als Opfer der Umstände. Deshalb ist es hilfreich, sich für die Zielfindung Zeit zu nehmen und sie nicht als bloßen Einstieg in die Supervision zu verstehen, sondern als essenziellen Teil des Prozesses.

Beispielfragen aus der Supervisionspraxis:

- Was möchten Sie am Ende dieser Supervision für sich mitgenommen haben?

- Woran würden Sie merken, dass diese Stunde für Sie hilfreich war?
- Wenn wir das Thema heute ideal bearbeiten könnten - was wäre dann anders?
- Was soll sich für Sie verändern - ganz konkret?
- Welchen ersten kleinen Schritt in Richtung Veränderung könnten Sie sich vorstellen?
- Was wäre ein realistisches Ziel - für heute, für diesen Prozess, für die nächste Zeit?
- Wenn alles so bliebe wie jetzt - was würde Ihnen fehlen?
- Was genau möchten Sie erreichen - und was hat Sie bisher daran gehindert?

Praxisbeispiel: Zielorientierte Fragen

Ausgangssituation:
Eine Supervisandin schildert eine komplexe Konfliktsituation mit einer Kollegin. Im Gespräch wird deutlich, dass sie emotional stark belastet ist, aber keine klare Vorstellung davon hat, was sie eigentlich verändern möchte. Es besteht die Gefahr, dass sich die Supervision in der Problemwahrnehmung verliert.

Supervisorische Intervention:
Die Supervisor:in wendet eine zielorientierte Frage an:

„Angenommen, wir hätten heute gemeinsam an diesem Thema gearbeitet - woran würden Sie am Ende der Stunde merken, dass sich für Sie etwas bewegt hat?"

Reaktion:
Die Supervisandin überlegt und sagt schließlich:

„Ich glaube, ich würde klarer sehen, was mein Anteil an der Situation ist - und was ich realistisch verändern kann."

Supervisionsnutzen:
Die Frage hilft, den Fokus zu verschieben: Weg vom diffusen Problem

hin zu einer realistischen Zielvorstellung. Das stärkt die Selbstwirksamkeit und schafft einen klaren Arbeitsauftrag für die gemeinsame Prozessgestaltung.

52

Fokussierende Fragen in der Supervision

Manche Supervisionsthemen wirken zu Beginn diffus, komplex oder schwer greifbar. Supervisand:innen berichten von einem allgemeinen Unbehagen, von Spannungen im Team oder von inneren Konflikten, die sich nicht leicht in Worte fassen lassen. In solchen Situationen helfen fokussierende Fragen dabei, das Wesentliche sichtbar zu machen - ohne vorschnell zu vereinfachen.

Fokussierende Fragen laden dazu ein, das Thema zuzuspitzen, zu benennen und symbolisch auf den Punkt zu bringen. Sie schärfen die Wahrnehmung und ermöglichen es, innere Klarheit über das eigene Anliegen zu gewinnen. Durch kreative Formulierungen - etwa die Einladung, das Thema als Zeitungsüberschrift, Filmtitel oder Frage zu formulieren - wird ein Perspektivwechsel angestoßen, der neue Zugänge zur eigenen Situation eröffnet.

Besonders hilfreich sind fokussierende Fragen in frühen Phasen der Supervision, wenn das Thema noch nicht klar definiert ist oder wenn es gilt, aus einem Strauß von Anliegen ein zentrales Thema auszuwählen. Aber auch im späteren Verlauf kann eine fokussierende Frage helfen, bei Abschweifungen oder in konflikthaften Dynamiken wieder zu einem klaren Arbeitsfokus zurückzukehren.

Die Wirkung dieser Fragen liegt nicht nur in ihrer Klarheit, sondern auch in ihrer Leichtigkeit. Indem sie auf symbolischer, assoziativer oder spielerischer Ebene arbeiten, ermöglichen sie Distanz - und gerade diese Distanz hilft oft dabei, das Wesentliche zu erkennen.

Beispielfragen aus der Supervisionspraxis:

- Wenn Ihr Anliegen heute eine Überschrift hätte - wie würde die lauten?
- Wenn Sie Ihre aktuelle Situation in einem Satz zusammenfassen müssten - wie würde er lauten?

- Stellen Sie sich vor, Ihr Thema wäre ein Artikel in einer Zeitung: Welche Überschrift stünde darüber? Was stünde im ersten Absatz?
- Wenn Ihre aktuelle berufliche Herausforderung der Titel eines Films wäre - wie würde dieser heißen? Und wer würde Sie darin spielen?
- Wenn Sie Ihr Thema als Frage formulieren müssten - wie würde diese lauten?
- Was wäre die wichtigste Frage, die wir heute stellen sollten, um dem Kern Ihres Anliegens näherzukommen?
- Woran würden Sie merken, dass wir am richtigen Thema arbeiten - und nicht an einem Nebenschauplatz?

Praxisbeispiel: Fokussierende Fragen

Ausgangssituation:
Eine Supervisandin berichtet zu Beginn der Sitzung von einem allgemeinen Druckgefühl in ihrem beruflichen Alltag. Sie spricht von zu vielen Anforderungen, innerer Unruhe, Unsicherheiten im Team - kann aber nicht klar benennen, was ihr genau zu schaffen macht. Die Themen wirken breit gestreut, das Gespräch beginnt sich im Kreis zu drehen.

Supervisorische Intervention:
Die Supervisor:in entscheidet sich, mit einer fokussierenden Frage zu arbeiten:

„Wenn all das, was Sie gerade beschrieben haben, ein Artikel in einer Wochenzeitung wäre - wie würde die Überschrift lauten?"

Nach kurzem Innehalten antwortet die Supervisandin:

„Vielleicht: ‚Alle wollen etwas von mir - aber ich weiß nicht mehr, was ich will.'"

Reflexion:
Diese symbolische Formulierung bringt die innere Erfahrung der Supervisandin klar auf den Punkt. Sie erkennt selbst, dass es ihr nicht nur um

äußere Anforderungen geht, sondern um den Verlust des eigenen inneren Kompasses. Das schafft die Basis für die eigentliche Themenklärung: den Wunsch, wieder Zugang zu den eigenen Bedürfnissen und Prioritäten zu finden.

55

Supervisionsnutzen:
Fokussierende Fragen helfen, komplexe Themen zu strukturieren, die Eigenwahrnehmung zu schärfen und einen innerlich stimmigen Fokus für die weitere Arbeit zu finden.

Skalierende Fragen in der Supervision

Skalierungsfragen sind ein äußerst wirkungsvolles Werkzeug, um subjektive Einschätzungen greifbar zu machen. Sie helfen dabei, diffuse Gefühle, Einschätzungen oder Entwicklungen in eine sprachlich fassbare Form zu bringen - ohne diese zu bewerten oder zu objektivieren. In der Supervision unterstützen sie sowohl die Standortbestimmung als auch die Prozessbeobachtung.

Eine Skala - z. B. von 0 bis 10 - macht den aktuellen Zustand sichtbar: *Wie sehr belastet mich das Thema? Wie klar ist meine Zielvorstellung? Wie motiviert bin ich gerade?* Gleichzeitig lässt sich über Skalierungsfragen auch das Entwicklungspotenzial abbilden: *Was wäre nötig, um einen Punkt höher zu kommen? Was hat dazu geführt, dass ich nicht bei Null bin?*

Die Stärke dieser Fragetechnik liegt in ihrer Einfachheit: Supervisand:innen können intuitiv antworten, ohne lange Erklärungen geben zu müssen - und genau das ermöglicht oft tiefergehende Reflexion. Besonders in emotional aufgeladenen oder komplexen Situationen wirkt die Skala entlastend und strukturierend.

Skalierungsfragen eignen sich sowohl am Anfang eines Supervisionsprozesses (zur Standortbestimmung) als auch zwischendurch (zur Überprüfung von Veränderungsprozessen) oder am Ende (zur Bewertung des Nutzens). Wichtig ist dabei, nicht nur nach dem „Punkt auf der Skala" zu fragen - sondern nach dem, was dahinter liegt: *Was macht diesen Wert aus? Was müsste sich ändern? Was wird bereits als Fortschritt erlebt?*

Beispielfragen aus der Supervisionspraxis:

- Auf einer Skala von 0 bis 10 - wie stark erleben Sie dieses Thema aktuell als Belastung?
- Wo auf dieser Skala standen Sie vor zwei Wochen - und wo möchten Sie idealerweise hin?
- Was macht den Unterschied zwischen einer 4 und einer 6?

- Was müsste passieren, damit Sie sich um einen Punkt wohler, sicherer, klarer fühlen?
- Was genau trägt dazu bei, dass Sie nicht bei Null stehen?
- Woran würden Sie merken, dass Sie auf der Skala einen Schritt weitergekommen sind?
- Wie stabil ist Ihre aktuelle Einschätzung - schwankt sie stark oder bleibt sie konstant?
- Wenn Sie einen kleinen Schritt nach oben machen wollen - was wäre der erste Impuls dazu?

Praxisbeispiel: Skalierende Fragen

Ausgangssituation:
Ein Team aus einer Einrichtung für betreutes Wohnen befindet sich seit Monaten in einer angespannten Stimmung. Konflikte schwelen unter der Oberfläche, das Vertrauen ist brüchig. Im dritten Supervisionstermin fragt die Supervisorin, wie es aktuell um das Arbeitsklima steht. Die Antworten bleiben vage: „Mal so, mal so", „Ich weiß nicht genau", „Nicht ideal, aber es geht schon."

Supervisorische Intervention:
Die Supervisorin führt eine Skalierungsfrage ein:

„Wenn 0 völlige Anspannung bedeutet und 10 ein wirklich gutes, vertrauensvolles Miteinander - wo steht Ihr Team aktuell?"

Reaktion:
Die Teammitglieder benennen unterschiedliche Zahlen: von 3 bis 6. Das löst zunächst Irritation, dann ein offenes Gespräch aus. Einzelne Aspekte - etwa mehr Gesprächsbereitschaft oder klare Absprachen - werden sichtbar als positive Entwicklungen. Gleichzeitig wird deutlich, wo noch Herausforderungen bestehen.

Supervisionsnutzen:
Die Skala schafft eine sachliche, entlastende Form, über emotionale Themen zu sprechen. Sie zeigt Fortschritte auf, ohne Probleme zu

relativieren. Die Unterschiede in den Einschätzungen eröffnen Raum für Reflexion: *Warum sehen wir das unterschiedlich? Was beeinflusst unsere Wahrnehmung?*

Unterschiedsbildende Fragen in der Supervision

Unterschiedsbildende Fragen zielen darauf ab, Differenzen sichtbar zu machen - zwischen verschiedenen Zeitpunkten, zwischen Personen, zwischen Haltungen oder zwischen Problem- und Lösungserleben. Sie helfen dabei, Wahrnehmung zu schärfen, Ressourcen zu entdecken und Entwicklungspotenziale zu identifizieren.

In der Supervision sind sie besonders hilfreich, wenn es darum geht, Unterschiede zwischen „besseren" und „schlechteren" Situationen zu beschreiben. Denn auch in scheinbar chronischen oder festgefahrenen Kontexten gibt es kleine Unterschiede, die übersehen werden - aber genau dort liegt oft der Schlüssel zur Veränderung.

Diese Fragen laden dazu ein, genau hinzuschauen: *Was war gestern anders als heute? Was wäre, wenn es morgen ein bisschen besser wäre? Wie hat sich mein Verhalten verändert - oder das der anderen?* Durch die Fokussierung auf Differenzen statt auf Absolutheiten entsteht eine neue Beweglichkeit im Denken.

Auch Unterschiede in der Wirkung des eigenen Handelns oder in der Reaktion des Umfelds können aufschlussreich sein. Unterschiedsfragen sind daher nicht nur ein Mittel zur Diagnose, sondern auch ein Werkzeug zur gezielten Aktivierung von Ressourcen und konkreter Veränderung.

Beispielfragen aus der Supervisionspraxis:

- Gibt es Tage, an denen das Thema weniger belastend ist? Was ist an diesen Tagen anders?
- Wann war das Problem zum letzten Mal nicht spürbar? Was war da konkret anders?
- Was machen Sie an „besseren Tagen" anders - in Ihrem Denken, Verhalten, Ihrer Kommunikation?
- Was genau verschärft das Problem - was mildert es ab?

- Was müssten Sie tun, um das Thema absichtlich zu verschlimmern - und was genau unterlassen Sie aktuell schon, damit das nicht passiert?
- Welche Unterschiede gibt es in der Wahrnehmung zwischen Ihnen und einer beteiligten Person?
- Wie denken Sie heute über die Situation - und wie hätten Sie vor einem Jahr darüber gedacht?
- Woran genau würden Sie erkennen, dass sich etwas positiv verändert hat?

Praxisbeispiel: Unterschiedsbildende Fragen

Ausgangssituation:
Ein Mitarbeiter in einer psychosozialen Einrichtung berichtet in der Einzelsupervision über seine Erschöpfung. Er fühlt sich dauerhaft überlastet, spricht von einem „ständigen Druck", von dem er sich kaum erholen könne. Auf die Frage, wann das Gefühl begonnen habe, zu dominieren, reagiert er mit einem Schulterzucken. Alles erscheine ihm gleich anstrengend.

Supervisorische Intervention:
Die Supervisor:in entscheidet sich für eine unterschiedsbildende Frage:

„Gab es in den letzten Wochen einen Tag, an dem der Druck etwas geringer war - und wenn ja: Was war an diesem Tag anders?"

Reaktion:
Nach kurzem Überlegen erinnert sich der Supervisand an einen bestimmten Freitag: Weniger Kliententermine, ein gutes Gespräch mit der Kollegin, kein zusätzlicher Verwaltungsdruck. Im Rückblick erkennt er: *„Da war ich mehr bei mir - und ich habe nicht ständig funktioniert, sondern bewusst gehandelt."*

Supervisionsnutzen:
Die Frage macht einen Unterschied sichtbar, der vorher überlagert war

vom allgemeinen Erschöpfungserleben. Der Supervisand erkennt eigene Anteile an der Gestaltung seines Alltags und entwickelt erste Ideen, wie sich diese Bedingungen häufiger schaffen lassen.

Zirkuläre Fragen in der Supervision

Zirkuläre Fragen gelten als Herzstück systemischer Gesprächsführung. Sie lenken den Blick weg vom linearen Denken - also von Ursache-Wirkungs-Ketten - und hin zu Wechselwirkungen, Beziehungen und Bedeutungszuschreibungen innerhalb eines sozialen Systems. In der Supervision sind sie besonders wertvoll, weil sie neue Perspektiven eröffnen und festgefahrene Sichtweisen aufbrechen können.

Zirkuläre Fragen machen deutlich: Das Erleben eines Problems ist nie nur ein individuelles, sondern immer auch ein relationales Phänomen. Sie laden die Supervisand:innen ein, sich in die Sichtweise anderer Beteiligter hineinzuversetzen, über deren Erwartungen, Deutungen oder Gefühle nachzudenken - und sich selbst dadurch neu zu betrachten. Das fördert Empathie, Verständnis und die Fähigkeit, Konfliktdynamiken differenzierter zu erfassen.

Der besondere Nutzen zirkulärer Fragen liegt darin, dass sie den Raum erweitern: weg vom Problemträger, hin zum größeren Ganzen. Dabei wirken sie häufig entlastend - denn sie verteilen die Verantwortung auf mehrere Schultern und eröffnen neue Optionen für Veränderung, ohne Schuld zuzuweisen. Zirkuläre Fragen lassen sich in Einzel- wie in Gruppensupervision sehr gut einsetzen - sowohl in der Exploration von Konflikten als auch bei der Reflexion von Rollen, Beziehungsmustern oder Kommunikationsprozessen.

Beispielfragen aus der Supervisionspraxis:

- Was glauben Sie, wie Ihre Kollegin die Situation erlebt?
- Wie würde Ihre Führungskraft beschreiben, worum es in diesem Konflikt geht?
- Was denken Sie, was Ihr Team von Ihnen erwartet - und was davon trifft aus Ihrer Sicht tatsächlich zu?
- Wenn jemand Außenstehendes Sie beide beobachtet hätte - was hätte er oder sie vermutlich wahrgenommen?
- Welche Wirkung glauben Sie, hat Ihr Verhalten auf das System?

- Wer im Team profitiert aus Ihrer Sicht davon, dass die Situation so ist, wie sie ist?
- Wenn Ihre Kolleg:innen hören würden, was Sie hier erzählen - was würden sie wohl sagen?
- Was denken Sie, was Ihre Arbeit für Ihre Klient:innen bedeutet?

Praxisbeispiel: Zirkuläre Fragen

Ausgangssituation:

Eine Mitarbeiterin bringt in der Gruppensupervision einen Konflikt mit einem Kollegen zur Sprache. Sie fühlt sich von ihm übergangen, kritisiert seine Art der Kommunikation und bezeichnet ihn als „respektlos". Die Stimmung im Raum ist angespannt, das Team wirkt gespalten.

Supervisorische Intervention:

Die Supervisorin greift behutsam zu einer zirkulären Frage:

„Wenn dieser Kollege jetzt hier wäre und Ihre Beschreibung gehört hätte - was, glauben Sie, würde er dazu sagen?"

Reaktion:

Die Mitarbeiterin zögert, denkt nach - und sagt dann:

„Vermutlich würde er sagen, dass er sich selbst auch überfordert fühlt. Vielleicht denkt er, dass ich ihn ständig kontrolliere."

Es entsteht ein Moment der Selbstreflexion. Die Dynamik zwischen beiden wird nicht mehr nur als „gut vs. schlecht" beschrieben, sondern als gegenseitige Reaktion auf unausgesprochene Erwartungen.

Supervisionsnutzen:

Die zirkuläre Frage eröffnet einen Perspektivwechsel. Die Mitarbeiterin bleibt in ihrer Haltung klar, gewinnt aber eine neue Sicht auf die Situation. Dadurch wird der Boden für ein lösungsorientiertes Gespräch im Team bereitet.

Perspektivische Fragen in der Supervision

Perspektivische Fragen laden dazu ein, ein Thema oder eine Situation aus verschiedenen Blickwinkeln zu betrachten. Im Unterschied zu zirkulären Fragen, die oft auf die Wahrnehmung anderer Personen innerhalb eines Systems fokussieren, richten sich perspektivische Fragen stärker auf zeitliche, kontextuelle oder systemübergreifende Sichtweisen. Sie ermöglichen es, das eigene Denken zu relativieren und die bisherige Sichtweise in einen größeren Zusammenhang zu stellen.

In der Supervision sind sie besonders hilfreich, wenn sich ein Problem übermächtig anfühlt oder der Blick auf mögliche Alternativen versperrt scheint. Durch die bewusste Verschiebung des Bezugsrahmens - etwa durch die Frage, wie man in einem anderen Kontext damit umgehen würde oder wie man in fünf Jahren auf die aktuelle Situation blicken wird - wird emotionale Distanz geschaffen. Und genau diese Distanz ist oft der erste Schritt in Richtung Veränderung.

Perspektivische Fragen sind keine Flucht vor der Realität - sie sind eine Einladung, diese Realität mit anderen Augen zu sehen. Sie schaffen eine gedankliche Bewegung, die neue Handlungsmöglichkeiten eröffnet und inneren Druck reduziert.

Beispielfragen aus der Supervisionspraxis:

- Wie würden Sie die Situation betrachten, wenn Sie heute neu in das Team kämen?
- Was würden Sie einem guten Freund raten, wenn er in derselben Lage wäre?
- Wie denken Sie in einem Jahr über das, was Sie gerade beschäftigt?
- Was würde jemand sagen, der diese Herausforderung bereits gemeistert hat?
- Wie hätte Ihre frühere berufliche Rolle auf dieses Thema reagiert - und was ist heute anders?
- Wenn Sie auf Ihr gesamtes Berufsleben zurückblicken: Wo reiht sich diese Situation ein?

- Wie würde jemand aus einer ganz anderen Profession (z. B. Ärztin, Lehrer, Jurist) Ihre Lage interpretieren?
- Was wäre anders, wenn dieses Thema in einer anderen Organisation aufträte?

Praxisbeispiel: Perspektivische Fragen

Ausgangssituation:
Ein junger Kollege in einem Jugendhilfeteam wirkt zunehmend frustriert. Er fühlt sich von den älteren Kolleg:innen nicht ernst genommen und ringt mit der Frage, ob er im Team bleiben oder sich nach einer anderen Stelle umsehen soll. In der Supervision äußert er seine Unsicherheit und die Angst, einen „Fehlstart" in seiner beruflichen Laufbahn gemacht zu haben.

Supervisorische Intervention:
Die Supervisorin stellt eine perspektivische Frage:

„Angenommen, Sie schauen in fünf Jahren auf diese Zeit zurück - was glauben Sie, was Ihnen dann rückblickend wichtig erscheint?"

Reaktion:
Der junge Kollege wird nachdenklich. Nach einer kurzen Pause sagt er:

„Vielleicht sehe ich es dann als eine harte, aber lehrreiche Phase. Ich merke jetzt schon, dass ich viel über Gruppendynamik gelernt habe - auch wenn es gerade mühsam ist."

Supervisionsnutzen:
Die Frage schafft eine zeitliche Distanz zur aktuellen Belastung und ermöglicht eine Neubewertung. Die Situation wird nicht beschönigt, aber sie verliert an Schwere. Gleichzeitig wird das implizite Lernpotenzial sichtbar - ein wichtiger Schritt zur Selbstermächtigung.

Hypothetische Fragen in der Supervision

Hypothetische Fragen eröffnen neue Denkräume, indem sie das reale Erleben für einen Moment beiseiteschieben und ein gedankliches „Als-ob"-Szenario aufbauen. Sie erlauben es Supervisand:innen, sich in zukünftige Situationen hineinzuversetzen, alternative Realitäten durchzuspielen oder innere Grenzen probeweise zu überschreiten. Auf diese Weise fördern sie kreative Lösungsansätze, die im Rahmen der bisherigen Problemwahrnehmung nicht sichtbar waren.

In der Supervision kommen hypothetische Fragen dann besonders zum Tragen, wenn sich der Denkprozess festgefahren hat, keine Handlungsoptionen sichtbar sind oder sich das Gespräch im Problemkreis dreht. Durch die Einladung, sich vorzustellen, *was wäre, wenn...*, wird ein Perspektivwechsel angestoßen, der nicht nur entlastend wirkt, sondern auch neue Entscheidungsmöglichkeiten erschließt.

Hypothetische Fragen eignen sich auch sehr gut zur Zielarbeit. Wer sich bereits in der Vorstellung einer gelungenen Veränderung bewegt, entwickelt oft mehr Motivation und Klarheit für die dafür nötigen Schritte. Die Supervisor:in kann anschließend mit konkretisierenden Fragen daran anknüpfen: *Was genau hat sich verändert? Was haben Sie dafür getan? Wer hat Sie unterstützt?*

Die Wirksamkeit dieser Fragetechnik liegt in ihrer Erlaubnis, zu fantasieren - nicht um zu träumen, sondern um innere Klarheit zu fördern. Indem Supervisand:innen erleben, wie es *sein könnte*, wird oft deutlich, was sie tatsächlich *brauchen*.

Beispielfragen aus der Supervisionspraxis:

- Angenommen, Sie hätten diese Herausforderung bereits gelöst - was wäre dann anders?
- Wenn morgen früh eine neue Situation beginnt - was müsste über Nacht passiert sein?

- Stellen Sie sich vor, die Beziehung zu Ihrer Kollegin wäre so, wie Sie es sich wünschen - wie sieht der Arbeitsalltag dann aus?
- Was würden Sie tun, wenn Sie keinerlei Einschränkungen hätten?
- Angenommen, Sie würden die Dinge genauso wie früher angehen - was wäre heute anders?
- Wenn Sie ab morgen völlig frei entscheiden könnten - welchen Schritt würden Sie zuerst setzen?
- Was würde passieren, wenn Sie Ihre Haltung bewusst verändern - wie würde Ihr Umfeld reagieren?
- Welche innere Stärke müssten Sie aktivieren, um dieses Ziel zu erreichen?

Praxisbeispiel: Hypothetische Fragen

Ausgangssituation:
Eine langjährige Mitarbeiterin schildert in der Einzelsupervision, dass sie zunehmend das Gefühl hat, nicht mehr „mitzukommen". Sie fühlt sich von technischen Umstellungen überfordert und fürchtet, „den Anschluss zu verlieren". Gleichzeitig möchte sie nicht zur „ewigen Bremserin" im Team werden.

Supervisorische Intervention:
Die Supervisorin stellt eine hypothetische Frage:

„Stellen Sie sich vor, es gäbe eine einfache Lösung - Sie hätten das Gefühl, sicher mit der neuen Software zu arbeiten und würden sogar Kolleg:innen unterstützen können. Was genau wäre dann anders - in Ihnen, im Team, in Ihrem Alltag?"

Reaktion:
Die Mitarbeiterin lacht kurz und sagt:

„Dann wäre ich stolz. Ich würde mich weniger schämen, Fragen zu stellen. Ich glaube, ich würde mich wieder als Teil des Teams fühlen - nicht als Belastung."

Supervisionsnutzen:
Die hypothetische Frage ermöglicht es, eine Vision der Selbstwirksamkeit zu entwickeln. Sie aktiviert Ressourcen, die zuvor vom Problem verdeckt wurden, und eröffnet den Raum für konkrete nächste Schritte - etwa das Ansprechen eines internen Schulungsangebots.

Ressourcenorientierte Fragen in der Supervision

Ressourcenorientierte Fragen richten den Blick auf das, was trägt, stärkt, ermutigt - auf das, was bereits da ist. Sie fördern ein Bewusstsein für persönliche Fähigkeiten, für bewältigte Herausforderungen, für hilfreiche Beziehungen oder unterstützende Rahmenbedingungen. In der Supervision wirken sie oft wie ein Gegenpol zur Problemtrance: Während viele Klient:innen im Problemfokus vor allem Defizite, Mängel und Grenzen sehen, laden ressourcenorientierte Fragen dazu ein, wieder in Kontakt mit den eigenen Kraftquellen zu kommen.

Diese Art von Fragen ist besonders dann wertvoll, wenn die Supervisand:innen sich erschöpft, überfordert oder entmutigt fühlen. In solchen Momenten hilft es nicht, das Problem weiter zu analysieren - sondern vielmehr, sich zu erinnern: *Was hat mir in der Vergangenheit geholfen? Was funktioniert trotz allem? Wer steht mir zur Seite? Worauf kann ich mich verlassen - in mir und um mich herum?*

Ressourcen müssen dabei nicht immer spektakulär oder außergewöhnlich sein. Oft sind es scheinbar kleine Dinge - ein gutes Gespräch, eine Fähigkeit im Umgang mit anderen, ein innerer Wert, eine Haltung oder auch ein unterstützendes Ritual. Ressourcenerkundung bedeutet auch, Anerkennung für das bereits Geleistete zu ermöglichen - etwas, das im belasteten beruflichen Alltag oft verloren geht.

In der Supervision helfen ressourcenorientierte Fragen dabei, Selbstwert und Handlungsfähigkeit zu stärken. Sie eröffnen einen Raum, in dem Supervisand:innen sich nicht nur als Problemträger:innen erleben, sondern als Gestalter:innen ihrer beruflichen Realität.

Beispielfragen aus der Supervisionspraxis:

- Was gibt Ihnen in Ihrem beruflichen Alltag Halt - auch in schwierigen Zeiten?
- Worauf konnten Sie sich in ähnlichen Situationen bisher verlassen - in sich selbst und in Ihrem Umfeld?

- Welche Ihrer Fähigkeiten oder Erfahrungen waren in der Vergangenheit hilfreich?
- Was haben Sie bisher dazu beigetragen, dass es nicht schlimmer geworden ist?
- Welche Haltung oder innere Stärke hilft Ihnen, in belastenden Situationen ruhig zu bleiben?
- Wer oder was unterstützt Sie im Hintergrund, ohne dass es vielleicht sofort auffällt?
- Was funktioniert trotz aller Herausforderungen erstaunlich gut?
- Wenn Sie auf die letzte Woche zurückblicken - worauf sind Sie stolz?

Praxisbeispiel: Ressourcenorientierte Fragen in der Supervision

Ausgangssituation:
In einer Teamsupervision wird die Situation zunehmend emotional: mehrere Mitarbeiter:innen klagen über die Überforderung durch ständige Kriseneinsätze, Personalmangel und fehlende Wertschätzung. Die Stimmung ist resignativ, der Blick stark problemorientiert. Die Supervisorin nimmt wahr, dass sich das Team mehr und mehr als hilfloses Opfer äußerer Umstände erlebt.

Supervisorische Intervention:
Nach einer Würdigung der Belastung stellt sie eine ressourcenorientierte Frage:

„Wenn Sie an die letzte Woche denken - gab es einen Moment, in dem Sie das Gefühl hatten: ‚Das war sinnvoll, dafür bin ich hier‘?“

Reaktion:
Zunächst herrscht Schweigen, dann meldet sich eine Kollegin:

„Ja, es gab dieses Gespräch mit einer Jugendlichen - sie hat sich zum ersten Mal geöffnet. Da wusste ich, warum ich das tue.“

Weitere Teammitglieder nicken. Einige ergänzen eigene Beispiele. Die Atmosphäre hellt sich spürbar auf.

Supervisionsnutzen:
Die ressourcenorientierte Frage bringt den Blick zurück zu Sinn, Wirksamkeit und Motivation. Das Team erlebt sich nicht mehr nur als belastet, sondern auch als handlungsfähig und verbunden mit dem, was sie ursprünglich in ihren Beruf geführt hat.

Paradoxe Fragen in der Supervision

Paradoxe Fragen gehören zu den kraftvollsten und zugleich sensibelsten Interventionen in der Supervision. Sie zielen darauf ab, festgefahrene Denkmuster, verdeckte Dynamiken oder hartnäckige Überzeugungen aufzubrechen - nicht durch Konfrontation, sondern durch bewusste Irritation. Sie fordern dazu auf, das Gegenteil des Erwünschten zu denken, das Problem zu verschärfen oder das scheinbar Unsinnige zu formulieren. Und genau darin liegt ihre Wirksamkeit: Sie bringen Bewegung in festgefahrene innere Prozesse.

In der Supervision können paradoxe Fragen z. B. dann hilfreich sein, wenn der Gesprächsprozess stagniert, sich Klient:innen in einer Problemidentität eingerichtet haben oder Veränderung nur auf kognitiver Ebene stattfindet, aber keine emotionale Resonanz erzeugt. Durch die paradoxe Wendung entsteht oft ein Moment des inneren Stolperns - ein kurzer Bruch in der gewohnten Logik -, der neue Denkprozesse anstoßen kann.

Wichtig ist: Paradoxe Fragen sind keine rhetorischen Spielereien. Sie erfordern ein tragfähiges Arbeitsbündnis, ein gutes Gespür für das Timing und eine Atmosphäre von Wertschätzung und Vertrauen. Sie dürfen niemals entwertend, spöttisch oder ironisch wirken, sondern müssen aus einer klaren supervisorischen Haltung gestellt werden: dem Wunsch, etwas in Bewegung zu bringen - mit Leichtigkeit, Neugier und Humor.

Beispielfragen aus der Supervisionspraxis:

- Was müssten Sie tun, damit die Situation noch unangenehmer wird?
- Angenommen, Sie möchten das Problem unbedingt behalten - was müssten Sie dafür tun?
- Wenn Sie wollen, dass sich wirklich nichts verändert - wie müssten Sie sich verhalten?
- Was wäre eine möglichst schlechte Lösung - und was daran wäre besonders effektiv?

- Was könnten Sie tun, um die Spannung im Team gezielt zu erhöhen?
- Wenn ich Ihr Problem auch haben wollte - was müsste ich mir bei Ihnen abschauen?
- Was genau tun Sie, um das Problem auf dem aktuellen Niveau zu halten?
- Welche hilfreichen Denk- oder Handlungsmuster müssten Sie jetzt unbedingt vermeiden?

Praxisbeispiel: Paradoxe Fragen

Ausgangssituation:
Ein Mitarbeiter in einer Supervisionsgruppe schildert zum wiederholten Mal seine Ohnmacht gegenüber einer übergriffigen Führungskraft. Seit mehreren Sitzungen beschreibt er die Situation nahezu identisch - verbunden mit dem Gefühl, nichts tun zu können. Die bisherigen Fragen führten zu Einsicht, aber nicht zu Bewegung. Die Supervisorin hat den Eindruck, dass der Mitarbeiter unbewusst an seiner Problemrolle festhält.

Supervisorische Intervention:
Sie entscheidet sich für eine paradoxe Frage:

„Was müssten Sie tun, um sicherzustellen, dass Sie auch in sechs Monaten noch genauso machtlos sind wie heute?"

Reaktion:
Der Mitarbeiter ist zunächst irritiert, lacht dann kurz - und beginnt zu antworten:

„Ich müsste weiterhin jedes Gespräch vermeiden, immer alles runterschlucken, und bloß nie um Unterstützung bitten."

Die Gruppe reagiert nachdenklich. Ein Teammitglied fragt:

„Und was wäre, wenn du mal genau das Gegenteil tust?"

Die paradoxe Frage löst die emotionale Starre. Sie ermöglicht Distanz zum eigenen Muster und öffnet Raum für ein humorvolles, aber ernst gemeintes Nachdenken über Alternativen. Die Selbstwahrnehmung verschiebt sich - weg vom Opfer, hin zum (Mit-)Gestalter.

Übersicht systemischer Fragetechniken

Fragetechnik	Zielsetzung / Funktion	Typischer Einsatzbereich
Historisierende Fragen	Rückblick auf bisherige Erfahrungen, Muster erkennen, Ressourcen entdecken	Erstgespräch, Auftragsklärung, Einstieg in ein Thema
Zielorientierte Fragen	Fokussierung auf gewünschte Veränderungen, Zielfindung und Strukturierung	Prozessbeginn, Umorientierung, Zielfestlegung
Fokussierende Fragen	Verdichtung komplexer Anliegen, Herausarbeiten des Kernthemas	Themeneröffnung, Strukturierung, Unklarheit
Unterschiedsbildende Fragen	Sichtbarmachen von Nuancen, Aktivierung von Entwicklungsspielräumen	Wahrnehmungsschärfung, Stagnation, Ressourcenaktivierung
Skalierende Fragen	Standortbestimmung, Entwicklung sichtbar machen, Bewertung subjektiver Veränderungen	Einstiege, Zwischenbilanzen, Prozessreflexion
Zirkuläre Fragen	Perspektivwechsel ermöglichen, systemische Zusammenhänge sichtbar machen	Konflikte, Rollenreflexion, Beziehungsdynamiken
Perspektivische Fragen	Andere Kontexte, Zeiten oder Sichtweisen einnehmen, emotionale Entlastung durch Distanz	Entscheidungsfindung, Selbstreflexion, Überforderung
Hypothetische Fragen	Denken in Alternativen, kreative Lösungsansätze,	Blockaden, Zielfindung, Perspektivwechsel

	Zugang zu inneren Haltungen und Zielen	
Ressourcenorientierte Fragen	Stärken, Kompetenzen und Unterstützendes sichtbar machen, Selbstwirksamkeit fördern	Überforderung, Sinnkrisen, Stärkung der beruflichen Identität
Paradoxe Fragen	Irritation zur Auflösung festgefahrener Muster, Reflexion durch bewusste Zuspitzung	Stagnation, Problemverstrickung, humorvoller Perspektivwechsel

Kreative Einstiegsmethoden

Supervision lebt von lebendiger Beteiligung, offener Kommunikation und einem vertrauensvollen Miteinander. Der Einstieg in eine Supervisionseinheit ist daher weit mehr als bloßes „Ankommen" - er setzt den Ton für die gemeinsame Arbeit, öffnet Räume für Reflexion und aktiviert die Beziehungsebene zwischen den Beteiligten. Besonders im sozialen Bereich, wo berufliche Belastungen hoch und Ressourcen oft knapp sind, kann ein ungewöhnlicher, kreativer Einstieg nicht nur für Entlastung sorgen, sondern auch einen wichtigen Perspektivwechsel ermöglichen. Der bewusste Einsatz methodischer Impulse gleich zu Beginn fördert sowohl die Selbstwahrnehmung der Teilnehmer:innen als auch den gruppendynamischen Prozess. Dabei geht es nicht um Effekthascherei, sondern um passgenaue, alltagstaugliche Methoden, die zur Atmosphäre, zur Zielgruppe und zur jeweiligen Situation passen.

Die hier vorgestellten Einstiegsmethoden dienen nicht nur dem „Warmwerden", sondern öffnen den Raum für eine vertiefte Auseinandersetzung. Sie bieten kreative Zugänge zu Gefühlen, Erlebnissen und Themen, die sonst vielleicht nicht so leicht zur Sprache kommen würden. Spielerisch, humorvoll oder auch nachdenklich - je nach Methode und Rahmen können sie Spannungen abbauen, Ressourcen aktivieren oder den Blick auf das Wesentliche schärfen. Für Supervisor:innen bedeutet dies, sensibel und situativ zu wählen, die Methode gut zu begleiten und auf die Reaktionen der Gruppe einzugehen.

Ziel dieser Methoden ist es, die Beteiligten in einen aktiven, emotional wie kognitiv ansprechbaren Zustand zu bringen. Sie helfen dabei, den Alltag bewusst hinter sich zu lassen, innerlich umzuschalten und sich auf die Supervision einzulassen. Darüber hinaus fördern sie Selbstoffenbarung, Resonanzfähigkeit und die Verbindung zwischen den Gruppenmitgliedern. Je nach Methode können sie auch spezifische Themen aufgreifen, einen Brückenschlag zum letzten Treffen herstellen oder bereits einen thematischen Schwerpunkt vorbereiten. In jedem Fall schaffen sie eine wertvolle Grundlage für die weitere Arbeit.

Ein besonderer Vorteil kreativer Einstiegsmethoden liegt in ihrer Vielschichtigkeit. Sie sprechen unterschiedliche Ebenen an - die emotionale, die körperliche, die symbolische. Dadurch werden nicht nur Worte, sondern auch Bilder, Metaphern oder Gesten nutzbar gemacht. Das erhöht die Ausdrucksmöglichkeiten, gerade auch für jene, die sich im direkten Gespräch vielleicht schwer tun. Viele Methoden laden zur Assoziation ein, fördern das spielerische Denken und erzeugen oftmals Leichtigkeit - ein nicht zu unterschätzender Faktor in der Arbeit mit belasteten Berufsgruppen. Gleichzeitig regen sie dazu an, sich selbst und andere aus neuen Blickwinkeln wahrzunehmen.

Supervisor:innen sollten sich bei der Auswahl und Durchführung solcher Methoden stets fragen: Passt die Methode zur Stimmung der Gruppe? Gibt es genügend Vertrauen? Braucht es eher etwas Leichtes oder etwas, das Tiefe ermöglicht? Die Methoden selbst sind keine Zauberformeln - entscheidend ist die innere Haltung der anleitenden Person. Eine klare Einführung, Raum für individuelle Beteiligung und das achtsame Begleiten der Reaktionen sind essenziell. Ebenso wichtig: Nicht jede Methode passt zu jedem Zeitpunkt - was heute gut funktioniert, kann nächste Woche deplatziert wirken. Flexibilität und die Bereitschaft, Methoden gegebenenfalls abzuwandeln oder spontan durch etwas anderes zu ersetzen, gehören zum Handwerkszeug professioneller Supervisionsleitung.

Die Umsetzung im Setting sollte so gestaltet sein, dass alle Gruppenmitglieder sich einbezogen fühlen, ohne sich unter Druck gesetzt zu sehen.

Unkonventionelle Einstiege in die Supervision: Kreative Impulse für soziale Berufsfelder

Ein gelungener Einstieg in eine Supervision kann viel bewirken: Er schafft Verbindung, regt zur Selbstreflexion an und öffnet den Raum für neue Perspektiven. Besonders in der Arbeit mit sozialen Berufsgruppen lohnt es sich, bewusst auf kreative, humorvolle oder sinnlich erfahrbare Methoden zurückzugreifen. Nachfolgend finden sich verschiedene Möglichkeiten, wie ein ungewöhnlicher Einstieg sinnvoll gestaltet werden kann - mit dem Ziel, Reflexion zu fördern, Gruppendynamik zu aktivieren und emotionale Prozesse anzustoßen.

1. Inspirierende Einstiegsfragen

Ungewöhnliche Fragen können helfen, die Routine zu durchbrechen und den Blick auf das eigene Erleben zu öffnen:

- **„Wenn deine Woche ein Wetterbericht wäre - wie sähe er aus?"**
  Eine Metapher für das eigene Befinden: Windig, sonnig, gewittrig? Die Teilnehmer:innen beschreiben ihr aktuelles Erleben bildhaft.

- **„Welche Superkraft würdest du heute für deine Arbeit brauchen?"**
  Diese Frage lädt zu einem spielerischen Umgang mit Herausforderungen ein - mit Raum für Humor, Kreativität und Selbsterkenntnis.

- **„Welches Lied beschreibt deinen aktuellen Arbeitsalltag?"**
  Ob motivierend, chaotisch oder melancholisch - Musik bietet einen emotionalen Zugang und kann zum Einstieg kurz angespielt werden.

- **„Was war dein persönlicher kleiner Erfolg in den letzten Tagen?"**
  Eine lösungsfokussierte Perspektive, die den Blick auf Ressourcen lenkt und Selbstwirksamkeit stärkt.

- **„Mit welchem Bild würdest du deine momentane Stimmung beschreiben?"**

Hier können echte Bilder oder Bildkarten zur Unterstützung genutzt werden, alternativ reichen auch gedankliche Assoziationen.

2. Körperliche und sinnliche Zugänge

Die Verbindung zum eigenen Körper und sinnliche Reize unterstützen das Ankommen im Hier und Jetzt:

- **Metaphernarbeit mit Gegenständen:**
  Verschiedene Alltagsobjekte (z. B. Stein, Schlüssel, Seil) werden in die Mitte gelegt. Jede:r wählt intuitiv einen Gegenstand, der die aktuelle berufliche Situation symbolisiert, und erläutert die Wahl.

- **Kurze Achtsamkeitsübung oder Bodyscan:**
  Ein bewusstes Innehalten mit geschlossenen Augen, verbunden mit ein paar ruhigen Atemzügen oder einer Mini-Körperreise, hilft beim Übergang in den Supervisionsraum.

- **Klangimpuls zum Start:**
  Der Klang einer Klangschale, eines Gongs oder Naturgeräusche helfen, den Fokus zu bündeln und eine achtsame Atmosphäre zu schaffen.

- **Bewegungsimpuls: „So stehe ich heute da"**
  Die Teilnehmenden nehmen eine Körperhaltung ein, die ihrem inneren Zustand entspricht, und beschreiben sie - wortlos oder mit wenigen Worten.

- **Dufteinstieg:**
  Ein angenehmer Duft (z. B. Zitrone, Lavendel, Tanne) wird durch den Raum gegeben. Der Geruch weckt Assoziationen, die als Einstieg geteilt werden können.

3. Perspektivwechsel und Rollenspiele

Durch das Schlüpfen in andere Rollen oder das bewusste Verlassen der
eigenen Sichtweise entstehen neue Impulse:

- **„Heute bin ich…"**
  Die Teilnehmenden wählen ein Tier, eine Filmfigur oder ein Symbol,
  das ihren momentanen Zustand oder ihre berufliche Rolle verkörpert. Eine kreative Methode, um Emotionen auszudrücken.

- **Kolleg:innen-Bingo:**
  Jede:r erhält eine Karte mit Aussagen wie „Hat diese Woche etwas
  geschafft, worauf er/sie stolz ist" oder „Hat sich geärgert". Ziel ist es,
  passende Personen in der Gruppe zu finden - ein humorvoller und
  verbindender Einstieg.

- **„Das sagt mein inneres Team"**
  Die Teilnehmenden lassen verschiedene innere Stimmen (z. B. der
  Perfektionist, der Erschöpfte, der Optimist) zu Wort kommen und
  teilen, welche gerade besonders laut ist.

- **„Stellvertretungsspiel":**
  Eine berufliche Situation wird in der Gruppe durch kleine Rollenwechsel dargestellt - ein Perspektivwechsel mit Tiefgang.

- **„Gedankenlesen"**
  Jede:r schreibt auf, was eine fiktive Kollegin über sie denken könnte -
  spielerisch, provokant oder ehrlich. Die Zettel werden vorgelesen
  und gemeinsam reflektiert.

4. Spielerische und kreative Methoden

Humor und Kreativität schaffen Leichtigkeit - auch in ernsten Kontexten:

- **„Die unmögliche Lösung":**
  Für ein aktuelles berufliches Problem wird eine absurde, völlig unrealistische Lösung erfunden. Das regt zum Lachen an, entlastet emotional - und eröffnet manchmal überraschend neue Perspektiven.

- **„Geschichte in fünf Wörtern":**
  Jede:r beschreibt eine aktuelle Herausforderung oder ein Erlebnis in genau fünf Wörtern. Diese Mini-Erzählungen werden gemeinsam weiterentwickelt - eine lebendige Methode zur kollektiven Reflexion.

- **„Impro-Start":**
  In Kleingruppen wird in zwei Minuten eine fiktive Szene improvisiert, die sinnbildlich für die Arbeitsrealität stehen könnte - spontan, absurd oder übertrieben.

- **„Emoji-Karten":**
  Die Teilnehmenden wählen aus verschiedenen Emoticons eines aus, das ihre aktuelle Gefühlslage symbolisiert - analog (ausgedruckt) oder digital.

- **„Bildkarten-Talk"**
  Aus einer Auswahl an Bildkarten wird eine Karte gewählt, die für ein aktuelles berufliches Gefühl steht. Die Bildsprache hilft besonders introvertierten Personen beim Einstieg.

5. Emotionale und reflektierende Impulse

Auch das bewusste Wahrnehmen und Teilen innerer Zustände kann ein sinnvoller Einstieg sein:

- **„Mein emotionaler Rucksack":**
  Gedanken, Gefühle oder Belastungen, die die Teilnehmenden mitbringen, werden anonym oder offen gesammelt - wahlweise schriftlich oder mithilfe von Symbolkarten. So entsteht ein Klima der Offenheit und gegenseitigen Achtsamkeit.

- **„Der Film meines Arbeitstages":**
  Jede:r benennt einen (realen oder fiktiven) Filmtitel, der den letzten Arbeitstag beschreibt. Eine Methode mit viel Raum für Humor, Tiefgang und persönliche Einblicke.

- **„Gedankenwolken"**
  Auf kleinen Zetteln werden spontan auftauchende Gedanken notiert - ohne Bewertung. Die Zettel können geteilt oder symbolisch abgelegt werden, um sich zu entlasten.

- **„Mut-Moment teilen"**
  Jede:r erinnert sich an eine Situation, in der Mut, Standhaftigkeit oder Klarheit gezeigt wurde - und teilt sie mit der Gruppe.

- **„Wort des Tages"**
  Jede:r nennt ein einziges Wort, das den Tag oder das Gefühl beim Ankommen beschreibt. Diese Worte ergeben zusammen ein Stimmungsbild der Gruppe.

Ungewöhnliche Einstiege schaffen Resonanz. Sie holen die Teilnehmenden da ab, wo sie stehen, öffnen den Raum für Begegnung und legen den Grundstein für eine lebendige, reflexive Supervision. Supervisor:innen profitieren davon, wenn sie solche Methoden gezielt und flexibel einsetzen - angepasst an Gruppe, Setting und Zielsetzung.

Kreative Methoden für die Themensammlung

Der Übergang vom offenen Einstieg zur inhaltlichen Fokussierung ist ein entscheidender Moment in jeder Supervision. Die Kunst liegt darin, Anliegen sichtbar zu machen, ohne vorschnell zu bewerten oder einzugrenzen. Kreative Methoden zur Themensammlung helfen, die Vielfalt an Gedanken und Fragestellungen zu bündeln und gleichzeitig eine offene, strukturierte Arbeitsatmosphäre zu fördern. Sie regen zur aktiven Beteiligung an, fördern das kreative Denken und stärken die gemeinsame Verantwortung für den Gruppenprozess.

„Themenbaum"
Ein großformatiger Baum wird auf einem Plakat oder Flipchart skizziert - symbolisch mit Wurzeln, Stamm und Blättern bzw. Früchten.

- Wurzeln: Was ist die Basis meiner Arbeit oder meines Problems?
- Stamm: Was beschäftigt mich aktuell konkret?
- Blätter/Früchte: Was wünsche ich mir als Ergebnis der heutigen Supervision?

Die Teilnehmenden notieren ihre Begriffe auf Klebezetteln und platzieren sie entsprechend am Baum. Diese Methode visualisiert komplexe Anliegen in einer nachvollziehbaren Struktur und lädt zu gemeinsamer Reflexion ein.

„Das Supervisions-Menü"
In dieser spielerischen Variante gestalten die Teilnehmenden ihr individuelles „Supervisions-Menü". Auf einer symbolischen Speisekarte werden Anliegen als Speisen formuliert, z. B.:

- „Als Vorspeise wünsche ich mir…"
- „Als Hauptgang brauche ich…"
- „Zum Dessert wäre schön, wenn…"

Die Gruppe trägt ihre kulinarischen Themenwünsche vor, und die Moderation „serviert" die häufigsten oder drängendsten Anliegen zuerst.

Diese Methode bringt Leichtigkeit in die Themensammlung und eignet sich besonders für Gruppen mit Humor.

„Matching-Puzzle"
Die Gruppe erhält vorbereitete Puzzlestücke - auf jedem steht eine halbe Aussage (z. B. „Kommunikation -" und „- verbessern"). Ziel ist es, passende Partner:innen zu finden und gemeinsam ein vollständiges Thema zu formulieren. Anschließend werden die gefundenen Themen kurz vorgestellt und gemeinsam priorisiert. Das Puzzle-Prinzip regt zur Interaktion an und fördert zugleich die sprachliche Klarheit von Anliegen.

„Themen-Schatzkarte"
Eine Schatzkarte mit verschiedenen Symbolen (Berg, Fluss, Labyrinth, Schatztruhe) wird ausgebreitet. Jede:r platziert ein eigenes Symbol oder Puzzlestück mit dem persönlichen Thema auf einem Ort der Karte. Danach wird reflektiert:

- *Welche Wege führen zu diesem Thema?*
- *Welche Hindernisse oder Fragen könnten auftauchen?*
- *Wo könnten sich Gemeinsamkeiten mit anderen Anliegen zeigen?*

Diese Methode verbindet kreative Visualisierung mit zielgerichteter Themensammlung und eignet sich gut für längere Einheiten oder Workshops.

„Themen-Galerie"
Verschiedene Stationen (Plakate oder Stellwände) stehen im Raum - jede mit einem möglichen Themenbereich (z. B. „Team", „Rollen", „Stress", „Erfolgserlebnisse"). Die Teilnehmenden gehen herum, schreiben ihre Gedanken zu den Kategorien auf und kleben sie an die jeweiligen Stationen. Zum Schluss wird gemeinsam betrachtet: Wo ballen sich Themen? Was ist priorisierbar?

„Themen-Cluster aus dem Los-Topf"

Jede:r schreibt anonym ein Anliegen auf ein Kärtchen. Alle Kärtchen kommen in eine Box oder einen Korb. Nacheinander werden die Themen gezogen, vorgelesen und - falls gewünscht - von der Gruppe ergänzt. Gemeinsam wird überlegt, ob Themen zusammengehören oder als Einzelthemen behandelt werden sollen. Die Methode schützt sensible Inhalte und fördert gleichzeitig Transparenz.

„Themen in Bewegung"

Im Raum werden vier Ecken mit möglichen Überbegriffen markiert (z. B. „Beziehung", „Organisation", „Emotionen", „Rollen"). Die Teilnehmenden bewegen sich zu der Ecke, die ihr Thema am ehesten trifft, und tauschen sich dort in Kleingruppen aus. Danach werden die Themen im Plenum zusammengetragen. Diese Methode aktiviert Körper und Geist - besonders geeignet zu Beginn eines langen Workshops.

„Themen-Wäscheleine"

Eine Leine wird quer durch den Raum gespannt. Jede:r schreibt sein Thema auf eine Karte und hängt sie an die Leine - in beliebiger Reihenfolge. Danach wird gemeinsam betrachtet, welche Themen nah beieinander hängen, welche abseits stehen und wo sich thematische Cluster bilden. So entsteht ein lebendiges, visuelles Abbild der Gruppendynamik.

„Gedankenblasen"

Die Teilnehmenden erhalten kleine Wolkenkarten („Gedankenblasen") und notieren darauf ein Thema oder eine offene Frage. Die Karten werden gut sichtbar auf ein Plakat geklebt. Anschließend wird gemeinsam geschaut, welche „Gedanken in der Luft" hängen bleiben, welche verdichtet werden sollen und welche sofort bearbeitet werden können.

„Themen-Fotoreise"

Eine Auswahl an Fotos oder Bildkarten liegt aus. Die Teilnehmenden wählen intuitiv ein Bild, das sie mit einem aktuellen beruflichen Thema verbinden. Anschließend stellen sie das Bild kurz vor und erläutern die

Verbindung zum Anliegen. Die Methode eignet sich besonders gut für visuell orientierte Gruppen oder um implizite Themen zu aktivieren.

„Themen-Skala"
Eine gedachte oder tatsächliche Skala (z. B. am Boden) reicht von „nicht relevant" bis „brennend aktuell". Die Teilnehmenden positionieren sich oder ihre Anliegen auf der Skala. So lässt sich leicht erkennen, wo die Prioritäten der Gruppe liegen und welche Themen besonders viel Aufmerksamkeit verdienen.

Kreative Themensammlungen sind mehr als ein Aufwärmen - sie bilden den Übergang vom Einstieg zur inhaltlichen Arbeit. Sie machen Anliegen sichtbar, strukturieren Vielstimmigkeit und ermöglichen einen wertschätzenden, partizipativen Zugang zur Themenwahl. Supervisor:innen, die bewusst mit Form und Sprache dieser Methoden spielen, schaffen einen Rahmen, in dem Reflexion und Entwicklung auf Augenhöhe möglich werden.

Fragen für die Themensammlung

1. Allgemeine Reflexionsfragen

- Was beschäftigt mich gerade am meisten in meiner Arbeit?
- Welche Frage sollte ich mir heute stellen?
- Was bräuchte ich, um meine Arbeit leichter zu machen?
- Welche Herausforderung nimmt gerade den meisten Raum ein?
- Was möchte ich heute loslassen?
- Welche Superkraft könnte mir aktuell helfen?

2. Metaphorische & Assoziative Fragen

- Welches Bild beschreibt meine aktuelle Arbeitssituation?
- Wenn mein Arbeitsalltag ein Wetterbericht wäre - wie wäre das Wetter heute?
- Welche Überschrift hätte meine aktuelle Arbeitssituation?
- Wenn mein Problem ein Tier wäre - welches wäre es und warum?
- Welche Farbe hat meine Stimmung heute?

3. Zukunftsorientierte & Lösungsfokussierte Fragen

- Was wäre eine kleine Veränderung, die mir helfen würde?
- Was würde mein Zukunfts-Ich mir heute raten?
- Welche Frage werde ich in drei Monaten nicht mehr stellen?
- Was würde passieren, wenn mein Problem plötzlich gelöst wäre?
- Wie sieht ein guter nächster Schritt aus?

4. Spielerische & Humorvolle Fragen

- Was würde mein Team sagen, wenn es mich heute beschreibt?
- Welche Songzeile beschreibt meinen aktuellen Arbeitsalltag am besten?

- Welche fiktive Figur (Film, Buch, Serie) könnte mir in meiner Situation helfen?
- Wenn mein Thema eine Schlagzeile in der Tageszeitung wäre - wie würde sie lauten?

5. Systemische & Perspektivwechsel-Fragen

- Wie würde ein außenstehender Beobachter mein Problem beschreiben?
- Was würde mein:e Kolleg:in über meine Situation sagen?
- Wenn ich mir selbst als Supervisor:in einen Rat geben müsste - welcher wäre es?
- Was wäre, wenn mein Problem plötzlich nicht mehr existieren würde?

Reflektierende und aktivierende Methoden

Ein guter Supervisionseinstieg schafft nicht nur Struktur, sondern auch emotionale Präsenz. Besonders wirkungsvoll sind Methoden, die Selbstreflexion mit Bewegung oder kreativem Ausdruck verbinden. Sie fördern die innere Beteiligung, sensibilisieren für eigene Prozesse und helfen dabei, eine achtsame Gruppenatmosphäre zu etablieren. Ob durch körperliche Positionierung, symbolische Bilder oder imaginative Übungen - reflektierende und aktivierende Methoden eröffnen neue Zugänge zur beruflichen Wirklichkeit.

1. Reflexionsimpulse mit Bewegung

„Wo stehst du gerade?"
Ein Seil oder Klebeband wird als Skala auf dem Boden ausgelegt (z. B. von „energiegeladen" bis „erschöpft" oder „zufrieden" bis „frustriert"). Die Teilnehmenden positionieren sich entsprechend und teilen auf Wunsch, warum sie dort stehen. Diese Methode bringt Bewegung und fördert gleichzeitig die Selbstklärung.

„Der innere Kompass"
Jede:r stellt sich vor, der eigene Körper sei eine Kompassnadel. Durch Drehen in verschiedene Richtungen wird erkundet, wo „Zukunft", „Hoffnung", „Belastung" oder „Ressource" verortet sind. In der Gruppe wird anschließend reflektiert: Wohin zieht es mich gerade?

„Die Kreuzung"
Auf dem Boden werden mit Klebeband symbolische Wege markiert - z. B. „Bleiben", „Verändern", „Loslassen", „Neues beginnen". Die Teilnehmenden wählen intuitiv einen Pfad und tauschen sich darüber aus, was sie mit dieser Weggabelung verbinden.

„Stimmungsbarometer" mit Körperhaltung
Die Teilnehmenden werden eingeladen, eine Körperhaltung einzunehmen, die ihren aktuellen beruflichen Zustand symbolisiert. In kleinen

Gruppen wird reflektiert: Was sagt diese Haltung aus? Wie fühlt sich die
Veränderung an, wenn ich sie bewusst verändere?

„Der Schritt, den ich gehen will"
Jede:r überlegt sich einen symbolischen Schritt, der heute oder in
nächster Zeit ansteht - und geht diesen Schritt sichtbar durch den
Raum. Eine stärkende Übung, um Absichten zu verkörpern.

2. Symbolische & kreative Reflexion

„Das Bild meiner Woche"
Jede:r zeichnet oder beschreibt eine kleine Skizze, die den persönlichen
Arbeitsalltag der letzten Woche widerspiegelt. Ob als Wellen, Bergland-
schaft oder Karussell - die Bildsprache öffnet neue Zugänge.

„Drei Hashtags für meine Arbeit"
Drei kurze Schlagworte (#) werden gewählt, die die aktuelle berufliche
Lage beschreiben. Die Hashtags werden in die Runde gegeben und kön-
nen im Plenum aufgegriffen oder gesammelt werden.

„Das innere Wetter"
Auf vorbereiteten Karten (Sonne, Nebel, Sturm, Windstille usw.) wählen
die Teilnehmenden ein Wetterbild, das ihre innere Lage beschreibt. Im
Austausch wird der Zusammenhang zur beruflichen Situation reflektiert.

„Meine Arbeitswoche als Buchtitel"
Jede:r überlegt sich einen (realen oder erfundenen) Titel für ein Buch
über die vergangene Woche - z. B. „Im Strudel der Termine", „Kleine
Siege, große Wirkung". Der Titel wird kurz erläutert - oft mit einem Au-
genzwinkern.

„Farbimpuls"
Die Teilnehmenden wählen eine Farbe, die ihre aktuelle Stimmung oder
berufliche Situation widerspiegelt, und beschreiben, was sie mit dieser
Farbe verbinden. Eine einfache, aber oft sehr differenzierte Methode.

3. Reflexion durch Perspektivwechsel

„Die Beobachter:innenrolle"
Jede:r versetzt sich in eine neutrale Beobachtungsposition des eigenen
Berufsalltags. Welche Szene wäre besonders auffällig? Was würde diese
fiktive Beobachter:in wahrnehmen? Die Methode unterstützt Distanzierung und neue Einsichten.

„Zukunftsbrief"
Ein kurzer Brief an sich selbst - geschrieben aus der Perspektive der
nächsten Wochen: „Was möchte ich mir sagen, wünschen, mitge-
ben?" Dieser kann am Ende der Supervision erneut gelesen oder versie-
gelt und zu einem späteren Zeitpunkt geöffnet werden.

„Ich in zehn Jahren"
Eine gedankliche Zeitreise: Wie blicke ich als mein zukünftiges Selbst auf
mein heutiges Erleben? Was möchte ich beibehalten, was verändern?
Die Methode bringt Tiefe in die Selbstreflexion und motiviert zum Perspektivwechsel.

„Berufliches Standbild"
In kleinen Gruppen wird eine Situation aus dem Berufsalltag als Standbild dargestellt - mit Körperhaltungen und Mimik. Die Gruppe errät, was
dargestellt wird, und reflektiert anschließend: Was wird sichtbar, was
bleibt verborgen?

„Der Ratgeber von außen"
Jede:r versetzt sich in die Rolle eines externen Coachs, der eine außenstehende Kollegin mit exakt den eigenen Themen berät: „Was würde
ich ihr raten?" Ein klassischer Perspektivwechsel, der oft verblüffend
ehrlich ist.

4. Achtsamkeit & emotionale Einstimmung

„Die innere Landkarte"
Mit geschlossenen Augen visualisieren die Teilnehmenden ihre persönliche innere Landschaft: Berge als Herausforderungen, Flüsse als Ressourcen, Wege, die sie gehen möchten. In Kleingruppen wird behutsam darüber gesprochen.

„Gedanken-Stopp - drei tiefe Atemzüge"
Ein Moment der bewussten Unterbrechung: Drei tiefe Atemzüge, mit dem inneren Vorsatz, den Arbeitstag symbolisch loszulassen. Diese Mini-Achtsamkeitspraxis schafft Klarheit und Präsenz.

„Klangreise"
Ein kurzer Klangimpuls (z. B. Klangschale, Windspiel, Naturklang) unterstützt das Innehalten. Danach beschreiben die Teilnehmenden, mit welchem Gefühl sie aus dem Klang auftauchen.

„Emotionen benennen"
Auf vorbereiteten Karten oder mit offenen Worten werden aktuelle Emotionen benannt - ohne Analyse, nur als Momentaufnahme. Diese Methode fördert emotionale Bewusstheit und öffnet den Raum für Echtheit.

„Ankommen im Körper"
Eine angeleitete Mini-Körperreise mit geschlossenen Augen (z. B. Aufmerksamkeit auf Füße, Beine, Schultern, Atem) unterstützt das Hineinspüren in die eigene Verfassung - ruhig, kurz, wirkungsvoll.

Reflektierende und aktivierende Methoden schaffen Raum für Echtheit, Tiefe und Bewegung - sowohl innerlich als auch äußerlich. Sie helfen dabei, sich selbst bewusster wahrzunehmen, die eigene Position zu klären und in einen lebendigen Kontakt mit der Gruppe zu treten. Der bewusste Einsatz dieser Methoden stärkt die Selbstwirksamkeit der Teilnehmenden und legt den Grundstein für eine offene, selbstreflexive Supervisionskultur.

Methoden bei Konflikten im Team

Wenn eine Supervisionsgruppe mit inneren Spannungen oder offenen Konflikten konfrontiert ist, braucht es besonders achtsame, strukturierte und zugleich entlastende Einstiegsimpulse. Ziel ist es, Raum für Reflexion und Verständigung zu schaffen, ohne vorschnell Lösungen zu forcieren oder Schuldzuweisungen zu verstärken. Die hier vorgestellten Methoden unterstützen dabei, Perspektiven zu erweitern, Emotionen zu regulieren und eine gemeinsame Gesprächsbasis zu ermöglichen.

1. Methoden zur Perspektivübernahme & Entschärfung von Konflikten

„Der leere Stuhl" (Perspektivwechsel)

Ein leerer Stuhl wird in den Raum gestellt - er steht symbolisch für eine bestimmte Perspektive, eine nicht anwesende Person oder eine abstrakte Größe wie „der Teamgeist" oder „die gemeinsame Zukunft". Die Gruppe reflektiert gemeinsam:

- *Was würde dieser Stuhl sagen, wenn er sprechen könnte?*
- *Was braucht er? Was fordert er ein?*

Diese Methode fördert Empathie und schafft emotionale Distanz zu konfliktgeladenen Themen.

„Das Problem als Gegenstand"

Ein symbolischer Gegenstand (z. B. Stein, Knoten, zerknülltes Blatt) repräsentiert das aktuelle Konfliktthema. Jede:r beschreibt, was er/sie damit verbindet - ohne Bewertung anderer.

Ziel: Das Problem wird externalisiert, also aus dem Raum der persönlichen Zuschreibung herausgelöst, was eine sachlichere Auseinandersetzung ermöglicht.

„Team-Landkarte"
Gemeinsam wird eine visuelle Karte der Zusammenarbeit erstellt - mit
Symbolen für Grenzen, Brücken, Baustellen, Sackgassen oder Gefahren-
zonen. In Kleingruppen oder im Plenum wird anschließend reflektiert:

- *Wo stehen wir? Wo stockt der Fluss?*
- *Wo könnte ein neuer Weg entstehen?*

Diese Methode fördert strukturiertes Denken und kreative Lösungsansätze.

„Standpunkt-Rallye"
Im Raum werden Karten mit Aussagen ausgelegt (z. B. „Ich fühle mich
im Team gehört", „Konflikte belasten mich", „Ich wünsche mir mehr Offenheit"). Die Teilnehmenden positionieren sich schweigend bei den
Aussagen, die sie betreffen. Erst danach folgt eine moderierte Reflexion. Die Methode macht Unterschiede sichtbar, ohne sie gleich zu diskutieren - ideal für heikle Themen.

„Das Gespräch mit dem Konflikt" (imaginativ)
In einer kurzen geführten Imagination begegnet jede:r dem Konflikt als
gestaltgewordener Figur oder Wesen:

Wie sieht dieser Konflikt aus? Was sagt er mir? Was will er von mir?
Diese kreative Methode fördert die emotionale Integration des Themas
und kann zu überraschenden Einsichten führen.

2. Methoden zur Klärung von Rollen & Erwartungen

„Mein Platz im Team"
Auf dem Boden wird symbolisch ein Raum aufgespannt. Jede:r wählt einen Platz, der die eigene Position im Team beschreibt: nah an der Mitte,
eher am Rand, in Bewegung, im Rückzug usw. Danach wird aus dieser
Position berichtet: „So fühle ich mich gerade…"
Diese Methode bringt implizite Spannungen zur Sprache - ohne Schuld-
zuweisung.

„Erwartungskarten"
Auf Karten stehen Satzanfänge wie „Ich wünsche mir von meinen Kolleg:innen…", „Ich brauche von der Leitung…", „Ich kann gut beitragen, wenn…". In Kleingruppen oder im Plenum werden einzelne Karten gelesen und diskutiert. Die Methode hilft, unausgesprochene Erwartungen sichtbar zu machen.

„Rollenschattenspiel"
In einer Mini-Inszenierung wird eine konflikthafte Situation nachgestellt - mit klaren, zugeschriebenen Rollen. Danach folgt ein Wechsel der Rollen oder eine Reflexion: „Was war sichtbar? Was blieb unausgesprochen?" Diese Methode eignet sich besonders, wenn Konflikte auf struktureller oder Rollendefinitionsebene liegen.

3. Methoden zur emotionalen Entlastung & Klärung

„Gefühlsstimmen sammeln"
Die Teilnehmenden schreiben auf Zettel, welche Gefühle sie im Zusammenhang mit dem Konflikt (oder der Teamdynamik) wahrnehmen - gerne anonym. Die Zettel werden vorgelesen oder sichtbar aufgehängt. So entsteht ein „emotionales Echo", das Raum für Empathie und Verständnis schafft.

„Was ich sagen möchte - aber nicht laut"
Jede:r formuliert einen Satz, den er oder sie gerne sagen würde - aber vielleicht (noch) nicht offen äußern kann. Diese Sätze werden gesammelt (z. B. in einem geschlossenen Umschlag, als Symbol) oder freiwillig anonym vorgelesen. Die Methode schafft emotionale Entlastung und öffnet die Tür für spätere Klärung.

„Innerer Dialog" (schriftlich)
Jede:r führt einen kurzen inneren Dialog zwischen zwei Teilen der eigenen Persönlichkeit: z. B. der „konfliktvermeidende Teil" und der „klare, konfrontierende Teil". Durch diesen inneren Austausch wird sichtbar, welche inneren Dynamiken das eigene Verhalten im Konflikt prägen.

In Konfliktsituationen brauchen Supervisionsgruppen Methoden, die Verbindung ermöglichen, ohne zu überfordern. Reflexive, externalisierende und ressourcenorientierte Zugänge helfen, die Dynamik sichtbar zu machen und Verantwortung neu zu verteilen. Die hier vorgestellten Methoden schaffen Struktur, ermöglichen Perspektivwechsel und fördern einen Prozess der behutsamen Klärung. Entscheidend ist dabei stets der achtsame Umgang mit Tempo, Sprache und emotionalem Klima - damit Supervision zu einem sicheren Ort für Entwicklung wird.

4. Methoden zur Entspannung & positiven Fokussierung

In belasteten Gruppensituationen kann ein gezielter Perspektivwechsel helfen, Spannungen zu mildern und den Blick für Ressourcen zu öffnen. Gerade in der Supervision lohnt es sich, Momente der Leichtigkeit, der Anerkennung und der Zuversicht bewusst zu gestalten. Humor, Wertschätzung und lösungsorientiertes Denken tragen dazu bei, dass die Gruppe sich emotional regulieren und neue Handlungsspielräume entdecken kann.

„Was läuft trotz allem gut?" (Ressourcenblick)
Jede:r nennt eine Sache, die im Team oder im eigenen Arbeitsalltag trotz der angespannten Situation gut funktioniert - sei es Kommunikation, Kollegialität, Verlässlichkeit oder Humor.

Diese einfache Methode richtet den Fokus auf das Gelungene und fördert ein ausgewogeneres, realistischeres Selbstbild des Teams.

„Das bestmögliche Team in 6 Monaten" (Lösungsorientierung)
Die Gruppe begibt sich gemeinsam in eine gedankliche Zeitreise: „Stellt euch vor, in sechs Monaten ist die Zusammenarbeit deutlich verbessert." Reflexionsfragen:

- Was hat sich verändert?
- Welche kleinen Schritte haben wir unternommen?

- Welche Herausforderungen haben wir gut gemeistert?

Diese Methode betont Selbstwirksamkeit und aktiviert gemeinsame Zukunftsbilder.

„Lachen erlaubt!" - Humor als Ventil
Jede:r denkt sich eine humorvolle Überschrift für die aktuelle Situation aus - etwa in Form eines Filmtitels, Buchtitels oder Presseschlagzeile:

- „Mission Impossible 3: Teamedition"
- „Der ganz normale Wahnsinn"
- „Survival Guide für Fortgeschrittene"

Humor schafft emotionale Entlastung, ohne Inhalte zu bagatellisieren, und fördert den gemeinsamen Blick auf das Absurde im Alltag.

„Das Dankbarkeits-Kärtchen"
Jede:r schreibt auf ein Kärtchen, wofür er/sie im Team oder im beruflichen Umfeld aktuell dankbar ist - gerne anonym. Die Kärtchen werden gesammelt und vorgelesen. Diese Methode stärkt den positiven Fokus, ohne problematische Aspekte zu übergehen.

„Ressourcenregen"
In einem schnellen Brainstorming sammeln die Teilnehmenden alles, was das Team stark macht - Fähigkeiten, Werte, gelungene Projekte, positive Eigenschaften. Alles wird ungefiltert notiert oder auf Karten geschrieben. Danach wird reflektiert: Welche dieser Ressourcen könnten wir aktuell bewusster nutzen?

„Das Komplimentekarussell"
In einer kurzen, achtsamen Runde äußern die Teilnehmenden reihum ein wertschätzendes Feedback an die Person zur Linken oder Rechten. Die Aussagen können sich auf Haltung, Engagement oder kleine Gesten beziehen. Diese Methode sollte nur bei stabiler Gruppenbindung angewendet werden und wirkt stärkend und verbindend.

„Stärken statt Schwächen"
Statt Probleme zu benennen, formuliert jede:r einen Satz wie: „Ich kann gut...", „Ich bringe ins Team ein...", „Andere schätzen an mir...". Danach folgt ein freiwilliger Austausch darüber, wie diese Stärken im Alltag sichtbarer werden könnten.

„Erfolge sichtbar machen"
Die Gruppe erinnert sich an ein gemeinsames Erfolgserlebnis - ob klein oder groß. Gemeinsam wird reflektiert:

- Was hat damals funktioniert?
- Wie haben wir als Team zusammengearbeitet?
- Was können wir daraus für heute mitnehmen?

Diese Methode reaktiviert Erfolgserfahrungen und stärkt die Zuversicht, auch aktuelle Herausforderungen meistern zu können.

In herausfordernden Supervisionsprozessen ist es oft nicht der direkte Weg, der zur Lösung führt, sondern der bewusste Blick auf das, was bereits funktioniert. Methoden, die Ressourcen, Stärken und positive Emotionen ins Zentrum rücken, fördern emotionale Entlastung und stärken die Verbundenheit im Team. Supervisor:innen, die diese Methoden gezielt einsetzen, schaffen eine wertschätzende Atmosphäre, in der auch Konflikte konstruktiv bearbeitet werden können.

Methoden zur Fokussierung und thematischen Vertiefung

Nachdem Themen gesammelt und erste Impulse ausgetauscht wurden, stellt sich häufig die Frage: *Worauf konzentrieren wir uns heute?* Die folgenden Methoden helfen dabei, aus der Vielfalt der Anliegen eine tragfähige Fokussierung zu entwickeln und den Einstieg in eine vertiefte Auseinandersetzung strukturiert und partizipativ zu gestalten.

1. Methoden zur Auswahl von Themen

„Punktabfrage" (klassisch)
Jede:r erhält drei Klebepunkte, die auf die gesammelten Themen verteilt werden dürfen. Die meistgewählten Themen bilden die Priorität für die aktuelle Sitzung. Eine einfache, transparente Methode zur Entscheidungsfindung.

„Themenampel"
Die Anliegen werden mit Farben markiert:

- *Rot = brennt mir unter den Nägeln*
- *Gelb = wäre wichtig, kann aber warten*
- *Grün = interessiert mich, muss aber nicht heute sein*

Diese Methode schafft Klarheit über Dringlichkeit und emotionale Relevanz.

„Wunschthema und Zweitwunsch"
Jede:r schreibt ein Hauptthema und ein Zweitwunschthema auf. Diese werden gesammelt, geclustert und gemeinsam gewichtet. So entstehen Kombinationsmöglichkeiten und Kompromisse.

2. Methoden zur thematischen Vertiefung

„Das Anliegen im Kreis"
Die Person mit dem gewählten Thema sitzt in der Mitte eines Stuhlkreises oder symbolisch im Fokus. Die anderen hören zunächst nur zu. Danach können Fragen gestellt oder Assoziationen geteilt werden - ohne Lösungsvorschläge. Eine sehr achtsame Methode für sensible Themen.

„Systemische Schleifenfragen"
Die Gruppe stellt der themeneinbringenden Person ausschließlich Fragen - zirkulär, hypothetisch, ressourcenorientiert. Beispiel:

- *„Was würde dein zukünftiges Ich über diese Situation sagen?"*
- *„Was würde dein Kollege denken, was du jetzt brauchst?"*

Diese Methode hilft, festgefahrene Sichtweisen zu erweitern.

„Fallskulptur"
Die Person mit dem Anliegen stellt ihr Thema mit Hilfe von Symbolen (Stühlen, Kissen, Gegenständen oder anderen Gruppenmitgliedern) im Raum dar. Die räumliche Darstellung fördert ein tiefes Verständnis der Situation - oft auch auf emotionaler Ebene.

„Vier-Felder-Modell"
Auf einem Flipchart oder Bodenplakat werden vier Felder markiert:

- *Was ist das Thema?*
- *Was ist mein Ziel?*
- *Was sind meine Ressourcen?*
- *Was hindert mich?*

Die themeneinbringende Person füllt diese Felder aus - schriftlich oder im Gespräch. Eine strukturierte Methode zur Klarheit und Fokussierung.

„Der innere Dialog sichtbar gemacht"
Zwei Stühle stehen sich gegenüber: Auf einem spricht der zweifelnde,
auf dem anderen der hoffende, klare Anteil. Durch den Wechsel der
Plätze entsteht ein innerer Dialog, der das Thema emotional vertieft
und Handlungsmöglichkeiten aufzeigt.

Fokussierung bedeutet nicht, Themen auszuschließen, sondern Prioritäten bewusst zu setzen. Methoden zur thematischen Vertiefung eröffnen
individuelle Reflexionsräume, ohne die Gruppendynamik aus dem Blick
zu verlieren. Supervisor:innen sind dabei gefragt, mit Fingerspitzengefühl, Struktur und Flexibilität die Balance zwischen Tiefe und Prozessverantwortung zu gestalten.

Methoden zum Umgang mit Widerstand und Schweigen in der Supervision

Widerstand und Schweigen gehören zu den natürlichen Phänomenen in Supervisionsprozessen - besonders in Gruppen mit Spannungen, unklaren Zielen oder hoher Belastung. Sie sind nicht zwingend Ausdruck von Ablehnung, sondern oft Schutzstrategien, Ausdruck von Unsicherheit oder eine Reaktion auf unklare Erwartungen. Die folgenden Methoden helfen, mit solchen Situationen produktiv und achtsam umzugehen.

1. Umgang mit Schweigen

„Das Schweigen benennen - ohne zu bewerten"
Die Supervisor:in benennt das Schweigen achtsam:

- *„Ich nehme wahr, dass es gerade sehr still ist. Ich frage mich, was dieses Schweigen für euch bedeutet?"*

Dadurch wird Raum für Reflexion geöffnet, ohne Druck zu erzeugen.

„Schreibimpuls statt Reden"
Die Teilnehmenden notieren ihre Gedanken oder Gefühle in einem kurzen Zeitfenster (z. B. 3 Minuten) schriftlich. Danach kann freiwillig etwas vorgelesen oder anonym gesammelt werden. Dies senkt die Schwelle zur Beteiligung.

„Stille als Ressource"
Eine kurze Phase der absichtsvollen Stille wird bewusst gestaltet:

- *„Lasst uns für eine Minute innehalten und spüren, was gerade wichtig ist."*

Danach können Impulse entstehen, ohne dass das Schweigen als Defizit gewertet wird.

2. Umgang mit passivem oder aktivem Widerstand

„Widerstand würdigen"
Die Supervisor:in signalisiert Verständnis: *„Es ist verständlich, dass manche Themen Unbehagen auslösen. Was bräuchte es, um sich sicherer zu fühlen?"* - So wird Widerstand als Hinweis auf ein Bedürfnis betrachtet, nicht als Störung.

„Die Metaebene einladen"
Statt inhaltlich weiterzuarbeiten, wird die Gruppe eingeladen, über die aktuelle Dynamik zu sprechen:

- *„Wie erleben wir gerade diese Runde?"*
- *„Was hemmt unsere Offenheit?"*

Diese Methode schafft Transparenz und stärkt die Prozessverantwortung.

„Das leere Blatt"
Jede:r bekommt ein leeres Blatt mit der Einladung: *„Was würde ich gerne sagen, wenn ich wüsste, es gäbe keine Konsequenzen?"* - Die Zettel können anonym abgegeben oder als Gesprächsanlass genutzt werden. Eine wirksame Methode bei Schweigen aus Angst oder Unsicherheit.

„Rollentausch: Die/die Supervisor:in wird befragt"
Die Gruppe darf der Supervisor:in Fragen stellen:

- *„Was denken Sie, was hier los ist?",*
- *„Was würden Sie tun, wenn Sie im Team wären?"*

Diese Irritation kann das Beziehungsklima lockern und neue Impulse geben.

Widerstand und Schweigen sind wertvolle Signale im Gruppenprozess. Wenn sie nicht als Problem, sondern als Einladung zur Achtsamkeit verstanden werden, können sie den Weg zu tieferer Reflexion und Beziehungsklärung öffnen. Supervisor:innen, die sich nicht vom Wunsch nach „Reibungslosigkeit" leiten lassen, sondern den Mut zur Prozessoffenheit mitbringen, stärken das Vertrauen in die Supervision als geschützten Raum für Entwicklung.

Methoden für den Abschluss

Ein bewusst gestalteter Abschluss gibt einer Supervision nicht nur einen runden Rahmen, sondern hilft auch, Erkenntnisse zu sichern, Ressourcen zu stärken und die Gruppendynamik positiv abzuschließen. Der Blick zurück, kombiniert mit einem wertschätzenden Ausblick, schafft Orientierung und Motivation. Die folgenden Methoden bieten Anregungen für eine strukturierte, kreative und berührende Abschlussgestaltung - angepasst an unterschiedliche Gruppen und Settings.

1. Reflexion & Erkenntnisse sichern

„Mein wichtigster Erkenntnis-Moment"
Jede:r teilt kurz den für sich bedeutsamsten Aha-Moment oder eine persönliche Erkenntnis aus der Sitzung.
Variante: Die Impulse werden auf Moderationskarten geschrieben und in der Mitte gesammelt - sichtbar und inspirierend für alle.

„Supervisions-Tagebuch"
Jede:r notiert in wenigen Sätzen, welche Gedanken, Vorsätze oder Fragen aus der Sitzung mitgenommen werden.
Optional: Die Zettel werden in einem Umschlag gesammelt und in einer späteren Sitzung wieder geöffnet - zur Reflexion und Weiterentwicklung.

„3-2-1-Reflexion"
Die Teilnehmenden reflektieren nach dem Muster:

- *Drei Dinge, die hilfreich oder wichtig waren*
- *Zwei Dinge, die noch nachwirken*
- *Ein konkreter nächster Schritt für den Alltag*

„Impulskärtchen für den Alltag"
Jede:r zieht zum Abschluss eine vorbereitete Karte mit einem positiven Impuls, einer Reflexionsfrage oder einer kleinen Selbstfürsorgeübung. Diese dienen als „Erinnerungsträger" zwischen den Sitzungen.

„Sprachbild des Tages"
Jede:r wählt ein Symbol oder ein Bild, das die eigene Erkenntnis oder
Stimmung zum Ende der Supervision ausdrückt (z. B. „Wie eine geöff-
nete Tür" / „Wie ein Stein, der leichter geworden ist"). Ein kraftvoller
sprachlicher Abschluss.

2. Wertschätzender Abschluss & Stärkung der Gruppe

„Wertschätzungsrunde" (positiver Fokus)
Jede:r nennt eine Qualität oder Ressource, die jemand anderes heute
eingebracht hat.
Variante: Anonyme, schriftliche Rückmeldungen auf kleinen Karten, die
am Ende verteilt werden - besonders hilfreich für eher stille Gruppen.

„Ein Geschenk für dich"
Die Teilnehmenden überlegen sich eine stärkende Botschaft, ein Bild
oder eine Metapher für ein anderes Gruppenmitglied.

- Beispiel: *„Ich wünsche dir für die kommende Woche die Klarheit eines Bergsees."*

Diese Methode schafft eine warme, verbindende Atmosphäre.

„Stille Post der Stärken"
Jede:r schreibt den eigenen Namen oben auf ein Blatt Papier. Die Blät-
ter wandern im Uhrzeigersinn, und jede:r notiert eine positive Eigenschaft oder Ressource der betreffenden Person. Am Ende nimmt jede:r
sein persönliches Blatt mit - ein Geschenk für herausfordernde Tage.

„Ich sehe in dir…"
In Kleingruppen oder Zweierteams sagen sich die Beteiligten gegenseitig, was sie an der anderen Person heute wahrgenommen haben - ehrlich, wertschätzend, konkret.

„Die Stärkekette"
Jede:r schreibt eine persönliche Stärke auf einen Papierstreifen. Diese
Streifen werden zu einer Kette verbunden - Symbol für das Potenzial
der Gruppe. Die Kette kann aufgehoben oder bei der nächsten Sitzung
erneut ergänzt werden.

3. Symbolische & kreative Abschlüsse

„Mein innerer Rucksack"
Jede:r reflektiert:

- Was nehme ich mit? (Impulse, Einsichten, gute Gefühle)
- Was lasse ich hier? (Belastendes, Unerledigtes, Druck)

Die Aspekte werden auf zwei verschiedene Zettel geschrieben und symbolisch in zwei Boxen gelegt.

„Abschlussbild"
Die Gruppe gestaltet gemeinsam ein Symbol, Bild oder eine Collage auf
einem großen Blatt - als Ausdruck für das Erlebte.
Variante: Jede:r malt ein persönliches Symbol und zeigt es zum Abschluss.

„Mein Dankeschön in drei Worten"
Jede:r formuliert seinen persönlichen Dank in genau drei Wörtern
(z. B. „Ehrlichkeit - Offenheit - Mut"). Diese Worte werden gesammelt,
ausgesprochen oder sichtbar gemacht.

„Der symbolische Gegenstand"
Ein Alltagsgegenstand (z. B. ein Stein, Schlüssel, Kompass) wird herum-
gereicht. Jede:r verbindet damit einen persönlichen Gedanken zum heutigen Tag - entweder als abschließenden Satz oder still für sich.

„Dankeschön-Würfel"
Ein Würfel mit sechs Dankeskategorien (siehe Vorlage) wird herumge-
reicht. Jede:r würfelt und äußert ein passendes Dankeschön. Diese Methode bringt Struktur und Leichtigkeit in die Abschlussrunde.

1. „Ich danke der Gruppe für..."
2. „Ich danke einer Person für..."
3. „Ich danke mir selbst für..."
4. „Ich danke für eine Erkenntnis aus heute..."
5. „Ich danke für einen schönen Moment..."
6. „Ich danke mit einer Geste (z. B. Applaus, Lächeln, Verneigung)."

„Energie-Booster"
Die Gruppe wählt gemeinsam einen motivierenden Satz oder ein Bild
für den Alltag (z. B. „Wir wachsen aneinander" oder „Heute ist ein Anfang"). Dieser wird laut ausgesprochen - einzeln oder im Chor -, um
Energie zu bündeln und Zuversicht mitzunehmen.

Ein achtsamer Abschluss ist mehr als nur ein formales Ende. Er stärkt die
Nachhaltigkeit der Supervision, gibt dem Prozess eine wertschätzende
Rahmung und trägt wesentlich zur Gruppenbindung bei. Ob still, kreativ,
humorvoll oder bewegend - Supervisor:innen können durch die passende
Abschlussmethode ein kraftvolles emotionales Ausrufezeichen setzen,
das weit über die Sitzung hinaus wirkt.

Weitere Methoden der Supervision

Vielfalt entdecken und gezielt einsetzen

Supervision ist ein lebendiger und dynamischer Prozess. Neben der grundlegenden Strukturierung durch Modelle wie die Fallsupervision lebt sie vor allem durch die methodische Vielfalt, die es Dir ermöglicht, auf unterschiedliche Anliegen, Kontexte und Gruppenkonstellationen flexibel und wirkungsvoll zu reagieren.

In diesem Kapitel beginnen wir mit der Auseinandersetzung mit verschiedenen methodischen Zugängen, die Dir in der Supervision zur Verfügung stehen. Jede Methode bringt eigene Schwerpunkte, Dynamiken und Erkenntnismöglichkeiten mit sich. Ziel ist es, Dir einen Überblick zu geben und Anregungen für die praktische Anwendung zu liefern. Manche Methoden eignen sich besonders gut für die Fallarbeit, andere fördern Teamprozesse, wieder andere regen zur Selbstreflexion an.

Im Folgenden findest Du eine Auswahl bewährter Supervisionsmethoden, mit denen wir uns in den nächsten Kapiteln näher beschäftigen werden. Diese umfassen sowohl strukturierte Analyseformate als auch kreative, metaphorische und zukunftsorientierte Ansätze:

- **Fallsupervision**: Strukturierte Auseinandersetzung mit einem konkreten Fall aus der Praxis.
- **Szenische Supervision**: Arbeit mit Rollenspiel, Aufstellung oder symbolischer Darstellung.
- **Fishbowl**: Beobachtung und Reflexion in einem offenen, rotierenden Gruppenformat.
- **Reflecting Team**: Strukturierte Rückmeldung durch ein beobachtendes Team.
- **Balint-Methode**: Reflexion von Beziehungserleben zwischen Fachperson und Klient:in.
- **Persönliches Teamprofil**: Analyse individueller Teamrollen und systemischer Dynamiken.

- **6-Hüte-Methode**: Perspektivenwechsel und strukturierte Ideengenerierung nach Edward de Bono.
- **9-Felder-Modell**: Systematische Betrachtung komplexer Situationen anhand von neun relevanten Themenfeldern.
- **Feedforward**: Ressourcenorientierte Methode zur Entwicklung
  konstruktiver Zukunftsperspektiven statt rückblickender Kritik.
- **Disney-Methode**: Kreative Ideenentwicklung mit strukturiertem
  Perspektivwechsel
- **Arbeit mit Metaphern**: Symbolische Zugänge wie z. B. die Ballonfahrt (um Abstand und Überblick zu gewinnen) oder der Ressourcenbaum (um innere Stärken sichtbar zu machen und zu aktivieren).

Du wirst für jede Methode eine Beschreibung des Ablaufs, Hinweise zu Zielgruppen und Anwendungsbereichen sowie konkrete Anweiseungen und Hinweise für dich als Supervisor:in finden. So kannst Du herausfinden, welche Methoden zu Deinem Stil passen und wie Du sie gezielt in Deiner Supervision einsetzen kannst.

Lass uns gemeinsam eintauchen in die Welt der Supervisionsmethoden und erkunden, wie kreative, strukturierte und dialogische Zugänge Deine Arbeit bereichern können.

Das strukturierte Phasenmodell in der Fallsupervision

Mit Reflexionsimpulsen und Handlungsanweisungen

Eine systematische Strukturierung von Fallsupervision kann Dir als Supervisor:in eine wertvolle Unterstützung sein, um komplexe Beratungsprozesse effizient zu begleiten und inhaltlich zu vertiefen. Gerade bei vielschichtigen Fallkonstellationen, emotional herausfordernden Themen oder unklaren Beratungsverläufen hilft eine klare Struktur dabei, Ordnung ins Geschehen zu bringen und den Blick für das Wesentliche zu schärfen. Das hier vorgestellte sechsstufige Modell ist ein konkreter Vorschlag für den Aufbau und Ablauf einer Fallsupervision. Es basiert auf bewährten Praxiserfahrungen und kann sowohl für Einzel- als auch Gruppensupervisionen eingesetzt werden.

Das Modell bietet Dir eine Orientierungshilfe, um den Prozess sinnvoll zu gliedern, Gesprächsverläufe zu strukturieren und Reflexion gezielt anzuleiten. Dabei geht es nicht um ein starres Schema, sondern um ein flexibles Gerüst, das Du situativ anpassen kannst. Die einzelnen Phasen bauen aufeinander auf, können aber je nach Bedarf variiert, verkürzt oder vertieft werden. Wichtig ist, dass Du Dich bewusst durch die Phasen bewegst, den roten Faden im Auge behältst und jede für sich sorgfältig abschließt, bevor Du in die nächste übergehst. Ziel ist es, gemeinsam mit Deinen Supervisand:innenKlarheit zu schaffen, Denkprozesse anzustoßen und zu einer stimmigen Weiterentwicklung der professionellen Handlungskompetenz beizutragen.

Übersicht der sechs Phasen:

1. Einstieg: Um wen geht es?
2. Bisherige Beratungsgeschichte: Was war?
3. Klärung: Worum geht es?
4. Beratungsarbeit: Was ist hilfreich?
5. Der nächste Schritt: Wie geht es weiter?
6. Abschluss und Ausblick: Was bleibt? Was kommt?

1. Einstieg - Um wen geht es eigentlich?

Ziel dieser Phase ist es, die betreute Person - den:die Klient:in - für Dich vorstellbar und (be)greifbar zu machen. Nur wenn ein klares Bild vorhanden ist, kann eine sinnvolle Auseinandersetzung mit der Fallsituation erfolgen.

Leitfragen zur Strukturierung:

- Wie heißt die Person (Vorname reicht)?
- Wie sieht sie aus? Wie tritt sie auf?
- Was ist über ihr soziales Umfeld bekannt?
- Welche Charakterzüge sind besonders auffällig?

Überlege, ob Dein Bild der Person differenziert ist oder eher pauschal. Nutze Visualisierungsmethoden, um das Bild zu vertiefen. Du kannst z. B. ein inneres Bild zeichnen oder die Person auf einem leeren Blatt skizzieren. Achte dabei auf Details, aber vermeide Interpretationen.

Wenn Du den Eindruck hast, dass Du ein klares Bild hast, frage Dich: Was genau weißt Du über diese Person - und was vermutest Du nur? Erst wenn der:die Klient:in wirklich „vorstellbar" geworden ist, kannst Du zur nächsten Phase übergehen.

2. Rückblick - Was war bisher?

Hier geht es darum, die bisherige Geschichte der Beratung sachlich und nachvollziehbar darzustellen. Wichtig ist, zwischen Fakten und Deutungen zu unterscheiden. Supervisand:innen neigen dazu, Erlebnisse zu bewerten oder zu interpretieren. Deine Aufgabe als Supervisor:in ist es, gezielt nachzufragen und auf einer faktenbasierten Ebene zu bleiben.

<u>Fragen zur Erhebung von Fakten:</u>

- Wie kam der Kontakt zustande?
- Was hat den:die Klient:in bewogen, das Angebot anzunehmen?
- Wie viele Sitzungen gab es bisher?
- Gab es Regelmäßigkeit, Absagen oder Verschiebungen?
- Kam die Person allein oder mit Begleitung?

<u>Zum Verlauf der Beratung:</u>

- Wie gestaltete sich das Erstgespräch?
- Wie ist der Ablauf typischer Sitzungen?
- Welche Methoden wurden eingesetzt?
- Welche Rückmeldungen kamen vom:von der Klient:in?
- Wie ist die Situation zwischen den Sitzungen?

<u>Zur inhaltlichen Arbeit:</u>

- Was wurde thematisiert?
- Welche Wünsche, Ziele, Ängste oder Werte wurden geäußert?
- Welche Herausforderungen oder Verhaltensweisen traten auf?
- Welche Hypothesen bestehen bereits?

<u>Zur inneren Haltung des:der Supervisand:in:</u>

- Welche Gefühle bestehen gegenüber dem:der Klient:in?
- Gibt es Sympathien oder Antipathien?
- Was ist noch unverständlich oder irritierend?
- Gibt es innere Widerstände oder Vorbehalte?

Bleibe konsequent in der Faktenorientierung und stoppe Dich selbst und Deine Supervisand:in, wenn ihr zu sehr ins Spekulative geht. Wiederhole immer wieder: "Was weißt Du tatsächlich? Was vermutest Du?"

3. Klärung - Worum geht es wirklich?

Diese Phase bringt auf den Punkt, worin das zentrale Anliegen oder Problem liegt. Manchmal zeigt sich, dass bereits in Phase 2 viele Hinweise darauf gegeben wurden - trotzdem ist eine explizite Klärung notwendig.

Leitfragen für die Klärung:

- Was ist das Kernanliegen?
- Was genau soll sich ändern?
- Welche Deutungen und Hypothesen bestehen?
- Welche vorschnellen Lösungsideen drängen sich auf?
- Wo fehlen Informationen?
- Gibt es Gewissenskonflikte, Unsicherheiten, blinde Flecken?

Erlaube Dir an dieser Stelle, eigene Hypothesen vorsichtig in Form von Fragen einzubringen. Beispielsweise: "Ich habe den Eindruck, für Dich ist Dein:e Klient:in wie ... Liege ich damit richtig?" oder "Könnte es sein, dass Du ein starkes Bedürfnis hast, etwas zu reparieren?"

Am Ende dieser Phase solltest Du mit Deiner Supervisand:in zu einer klaren Definition kommen: "Jetzt ist deutlich, worum es geht." Falls das nicht gelingt, empfehle eine Pause im Prozess und die Fortsetzung zu einem späteren Zeitpunkt.

4. Beratungsarbeit - Was ist hilfreich?

In dieser Phase arbeitest Du gemeinsam mit der Supervisand:in an konkreten Handlungsideen. Was kann getan werden, um die Situation zu verändern? Wie kann der:die Klient:in unterstützt werden?

Zentrale Fragen:

- Welche Ziele sind realistisch?
- Welche Methoden passen zur Situation?

- Welche Ressourcen stehen zur Verfügung?
- Welche systemischen oder kommunikativen Muster spielen eine Rolle?

Hier kannst Du methodisch unterstützen, indem Du gemeinsam mit der Supervisand:in eine Liste von möglichen Interventionen entwickelst, diese bewertet und priorisiert. Achte darauf, dass die Supervisand:in in ihrer Rolle bleibt und keine Lösungen "für" die Klient:in übernimmt.

Auch Themen wie plötzliche Beratungsabbrüche oder konflikthafte Beratungssituationen können in dieser Phase sinnvoll aufgearbeitet werden.

5. Der nächste Schritt - Wie geht es weiter?

Jetzt wird geplant, wie die Erkenntnisse konkret umgesetzt werden. Es geht um Realitätsprüfung, Stabilisierung und Zielklarheit.

<u>Leitfragen:</u>

- Was ist der nächste sinnvolle Schritt?
- Welche Hindernisse sind wahrscheinlich?
- Wer oder was kann unterstützend wirken?
- Wie kann die Motivation gestärkt werden?

Arbeite mit Skalen oder Entscheidungsfragen. Beispiel: "Wie sicher bist Du, dass Du diesen Schritt gehst? Was könnte Dich abhalten?" Lass die Supervisand:in mögliche Alternativen mitdenken.

Am Ende dieser Phase sollte ein klarer, realitätsnaher Handlungsplan stehen.

6. Abschluss und Ausblick - Was bleibt? Was kommt?

Zum Schluss wird reflektiert, was die Supervision gebracht hat und welche offenen Themen noch bestehen. Gleichzeitig lädst Du zur weiteren Reflexion oder zu einer Folgesitzung ein.

<u>Fragen an die Supervisand:in:</u>

- Was hast Du heute für Dich geklärt?
- Was war besonders hilfreich?
- Was bleibt offen?
- Was wünschst Du Dir für Deine weitere Arbeit?

Achte auf einen wertschätzenden Abschluss. Zeige Fortschritte auf, auch wenn sie klein erscheinen. Bestärke Deine Supervisand:in darin, bei Bedarf wiederzukommen - als Ausdruck professioneller Selbstsorge, nicht als Zeichen von Schwäche.

Reflecting Team

Strukturierte Rückmeldung durch ein beobachtendes Team.

Die Methode "Reflecting Team" wurde ursprünglich vom norwegischen Sozialpsychiater Tom Andersen im Kontext der systemischen Familientherapie entwickelt. Ziel war es, durch einen Perspektivwechsel neue Sichtweisen zu ermöglichen und die Gesprächsdynamik in der therapeutischen Arbeit aufzubrechen. Seitdem hat sich der Ansatz kontinuierlich weiterentwickelt und findet heute weit über den therapeutischen Kontext hinaus Anwendung. Auch in der Supervision, in der Aus- und Weiterbildung sowie in der Team- und Organisationsentwicklung wird die Methode zunehmend geschätzt und genutzt.

Was das Reflecting Team auszeichnet, ist seine besondere Form der achtsamen und wertschätzenden Beobachtung. Es geht nicht darum, direkt zu intervenieren oder zu bewerten, sondern darum, den Beteiligten durch ein Zuhören auf mehreren Ebenen einen Resonanzraum zu schaffen. Die Reflexion erfolgt durch Zuhören, Spiegeln, Perspektivenvielfalt - und nicht durch Belehrung oder Ratschlag. Gerade in Supervisionsprozessen, in denen es oft um komplexe zwischenmenschliche Themen, blinde Flecken oder emotionale Spannungen geht, kann die Methode helfen, Abstand zu gewinnen und neue Denk- und Handlungsspielräume zu erschließen.

Das Reflecting Team wirkt dabei oft wie ein "zweites Ohr" oder ein wohlwollender Beobachtungsspiegel: Es sieht und hört mit, ohne sich direkt einzumischen. Erst in einem zweiten Schritt teilt es seine Eindrücke miteinander - nicht mit der Gruppe, sondern für die Gruppe. Die Ursprungsgruppe darf zuhören, Resonanz empfinden, neue Impulse aufnehmen - ohne sich verteidigen oder erklären zu müssen. Genau in dieser Haltung des Zuhörens liegt die Kraft der Methode. Sie ermöglicht eine mehrperspektivische, wertschätzende Reflexion, ohne unmittelbare Bewertung oder Konfrontation. Gerade in Supervisionsprozessen kann das Reflecting Team dazu beitragen, neue Sichtweisen zu erschließen, Denkprozesse zu aktivieren und emotionale Entlastung zu schaffen.

Ziele der Methode:

- Reflexion auf einer Meta-Ebene ermöglichen
- Unterschiedliche Sichtweisen sichtbar machen
- Wertschätzende Rückmeldung ohne direkte Konfrontation
- Kommunikations- und Beziehungsmuster erkennbar machen
- Impulse zur Weiterarbeit geben, ohne Lösungsvorgaben zu machen

Setting und Ablauf:

Das Reflecting Team kann sowohl in Einzel- als auch in Gruppensupervisionen eingesetzt werden. Besonders gut eignet es sich für Teamsupervisionen, bei denen mehrere Beteiligte mit einem Thema, einer Fragestellung oder einem Fall konfrontiert sind. Die Gruppe sollte groß genug sein, um eine Trennung zwischen aktiver Gruppe und Reflecting Team zu ermöglichen (idealerweise mindestens 6-8 Personen).

Der Raum sollte so gestaltet sein, dass die beiden Gruppen - Ursprungsgruppe und Reflecting Team - sich gegenübersitzen oder in zwei klar voneinander getrennten Kreisen Platz nehmen. So wird auch räumlich deutlich: Jetzt ist eine andere Phase des Gesprächs aktiv.

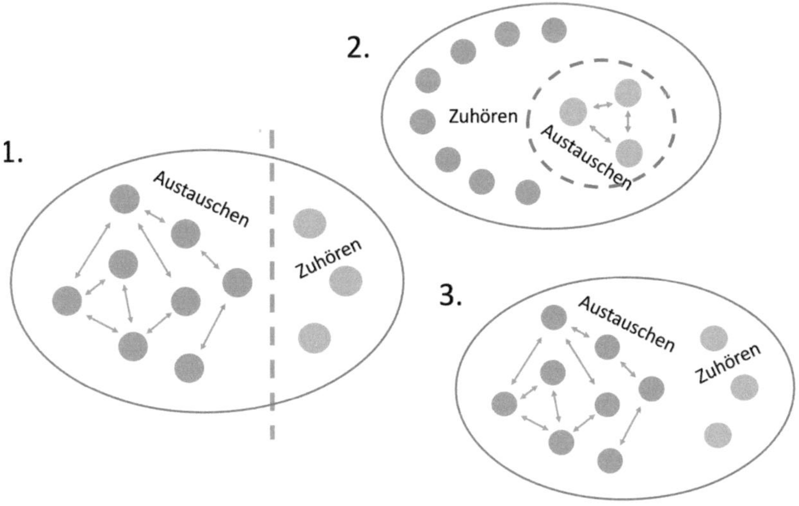

Als Supervisor:in ist es Deine Aufgabe, den Ablauf verständlich zu erklären, die Regeln transparent zu machen und während der Durchführung für Struktur und Sicherheit zu sorgen. Bereite die Beteiligten darauf vor, dass es Phasen des reinen Zuhörens geben wird - und dass genau in diesen Momenten oft die stärksten Impulse entstehen.

Ablauf in vier Phasen:

Im Folgenden findest Du den typischen Ablauf des Reflecting Teams in vier klar strukturierten Phasen. Jede Phase erfordert eine spezifische Haltung und methodische Aufmerksamkeit seitens der Supervisor:in. Der Prozess lebt von Achtsamkeit, Klarheit und einem sicheren Rahmen, den Du aktiv gestalten solltest.

1. Arbeitsphase der Gruppe

In dieser Phase ist es wichtig, der Gruppe ausreichend Raum für Austausch zu geben, ohne sie durch Fragen oder Beobachtungen zu unterbrechen. Als Supervisor:in begleitest Du moderierend im Hintergrund. Achte darauf, dass die Gruppe bei ihrem Thema bleibt, aber ohne zu steuern. Die Qualität dieser Phase beeinflusst maßgeblich die Tiefe der Reflexion.

Handlungsanweisungen für die Gruppe:

- Wählt ein Thema oder eine Fragestellung, die Euch aktuell beschäftigt.
- Vereinbart, wer das Anliegen einbringt und wer sich aktiv am Gespräch beteiligt.
- Sprecht offen und authentisch, ohne Euch gegenseitig zu bewerten oder zu unterbrechen.
- Achtet bewusst auf Sprache, Emotionen und Beziehungsdynamiken.
- Vertraut darauf, dass das Reflecting Team Euch aufmerksam begleitet.

Handlungsanweisungen für die Supervisor:innen:

- Stelle sicher, dass alle Beteiligten die Rollenverteilung verstehen.
- Lade die Gruppe ein, ihr Anliegen in Ruhe und ohne Zeitdruck zu bearbeiten.
- Halte Dich im Hintergrund, beobachte aufmerksam, greife nur ein, wenn der Rahmen gefährdet ist (z. B. durch Eskalationen oder Abschweifungen).
- Achte auf nonverbale Signale und mögliche Themen, die in der Reflexionsphase aufgegriffen werden könnten.

2. Reflexionsphase durch das Reflecting Team

Für Supervisor:innen bedeutet diese Phase, den Raum zu halten: Wache Präsenz, ohne sich inhaltlich einzubringen. Achte darauf, dass das Reflecting Team wirklich in den Dialog untereinander geht - kein Bericht an die Ursprungsgruppe. Es darf leise gedacht, vermutet und gewürdigt werden. Unterschiedliche Sichtweisen sind ausdrücklich erwünscht. Als Supervisor:in kannst Du im Vorfeld darauf hinweisen, dass Sätze wie „Ich frage mich, ob …" oder „Mir ist aufgefallen, dass …" hilfreiche Formen sind.

Handlungsanweisungen für das Reflecting Team:

- Sprecht ausschließlich untereinander - wie in einem beobachteten Gespräch.
- Beginnt mit behutsamen Einstiegen: „Ich frage mich …", „Mich hat berührt …", „Ich hatte den Eindruck …"
- Nutzt die Vielfalt Eurer Perspektiven - auch gegensätzliche Wahrnehmungen sind wertvoll.
- Achtet auf Resonanzphänomene: Was hat bei Euch etwas ausgelöst?
- Bleibt beim Erlebten - keine Ratschläge, keine Interpretation von Motiven.
- Sprecht maximal 10-15 Minuten.

Handlungsanweisungen für die Supervisor:innen:

- Kläre vor Beginn der Reflexion die Gesprächsregeln noch einmal.
- Achte darauf, dass niemand aus dem Reflecting Team in die Ursprungsgruppe spricht.
- Halte den Zeitrahmen ein und signalisiere das Ende der Phase behutsam.
- Notiere ggf. wichtige Beobachtungen für die spätere Integrationsphase.

3. Resonanzphase der Ursprungsgruppe

Hier ist es Deine Aufgabe, einen geschützten Raum für persönliche Eindrücke und emotionale Reaktionen zu schaffen. Stelle offene Fragen wie: "Was hat Euch berührt?", "Wo habt Ihr Euch verstanden gefühlt?", "Was ging Euch durch den Kopf beim Zuhören?". Achte darauf, dass keine Diskussion mit dem Reflecting Team entsteht - es bleibt bei einer einseitigen Resonanz.

Handlungsanweisungen für die Gruppe:

- Teilt spontan, was Euch bewegt hat - ohne Rechtfertigung oder Erklärung.
- Sprecht über Gefühle, Gedanken oder Impulse, die beim Zuhören entstanden sind.
- Nutzt die Zeit, um neue Perspektiven auf Euer Anliegen zu entwickeln.
- Verzichtet auf Bewertungen der Beiträge aus dem Reflecting Team.

Handlungsanweisungen für die Supervisor:innen:

- Leite die Resonanzphase mit ruhigen, offenen Fragen ein.
- Achte auf eine klare Gesprächsführung: keine Rückfragen an das Reflecting Team.
- Fördere die emotionale Tiefe - nicht durch Analyse, sondern durch Raum geben.

- Halte ggf. Pausen aus, wenn Teilnehmer:innen Zeit zum Nachspüren brauchen.

4. Abschluss und Integration

In der letzten Phase begleitest Du den Transfer der Impulse in den beruflichen oder persönlichen Kontext der Supervisand:innen. Welche Gedanken bleiben? Was soll konkret aufgegriffen oder weiterverfolgt werden? Ermögliche einen sanften, reflektierten Abschluss, etwa durch eine stille Einzelreflexion oder eine gemeinsame Schlussrunde. Achte darauf, das Gehörte nicht vorschnell zu verwerten, sondern wirken zu lassen.

Handlungsanweisungen für die Gruppe:

- Reflektiert still oder im Austausch: Was nehme ich für mich mit?
- Notiert ggf. einen konkreten nächsten Schritt oder eine Frage für die Weiterarbeit.
- Achtet darauf, das Erlebte nicht zu bewerten, sondern als Impuls zu begreifen.
- Schließt die Runde mit einem kurzen persönlichen Statement oder einer Geste ab.

Handlungsanweisungen für die Supervisor:innen:

- Biete verschiedene Formen der Integration an (z. B. Schreiben, Gespräch, Visualisierung).
- Halte die Abschlussrunde bewusst offen und druckfrei.
- Lade ein zur Selbstverantwortung: „Was nimmst Du für Dich mit?"
- Achte auf einen ruhigen, verbindenden Ausklang - auch über symbolische Gesten (z. B. ein Dank, ein gemeinsames Innehalten).

Grundregeln für das Reflecting Team:

1. Zuhören ohne Unterbrechung während der Arbeitsphase der Gruppe.
2. Gedanken und Beobachtungen zuerst für sich sammeln.
3. In der Reflexionsphase ausschließlich miteinander sprechen, kein direkter Kontakt zur Ursprungsgruppe.
4. Vielfalt der Sichtweisen betonen, nicht nach der "richtigen" Idee suchen.
5. Wertschätzung steht im Vordergrund: Es geht nicht um Kritik, sondern um Resonanz.
6. Keine Themen einführen, die nicht von der Gruppe selbst eingebracht wurden.
7. Keine Ratschläge oder Lösungen vorgeben.

Hinweise für die Anwendung in der Supervision:

- Kläre vorab, ob die Gruppe mit der Methode vertraut ist. Falls nicht, führe sorgfältig ein.
- Achte auf die Zusammensetzung des Reflecting Teams: Es sollte divers und aufmerksam sein.
- Achte auf die Zeitstruktur: Ein ausgewogenes Verhältnis zwischen Arbeits- und Reflexionsphase ist hilfreich.
- Stelle nach der Methode ausreichend Zeit zur Verfügung, um Eindrücke zu verarbeiten.

Die Methode "Reflecting Team" eignet sich besonders dann, wenn der Bedarf nach Resonanz groß ist, wenn die Kommunikation festgefahren scheint oder wenn ein Thema emotional aufgeladen ist. Sie bringt Bewegung in Denkprozesse und schafft Raum für Entwicklung - im geschützten Rahmen und mit respektvollem Abstand.

Balint-Methode

Reflexion von Beziehungserleben zwischen Fachperson und Klient:in

Die Methode wurde nach dem Psychiater und Psychoanalytiker Michael Balint benannt. Am Anfang führte er "Fallkonferenzen" mit Sozialarbeiter:innen durch, danach begann er auch mit Ärzt:innen zu arbeiten und entwickelte seine Methode zu einer neuen Form der ärztlichen Weiterbildung weiter. Die Balint-Gruppe oder Balint-Methode eignet sich heute ebenso zur kollegialen Fallberatung und Supervision. Sie stellt die Beziehungsgestaltung in den Mittelpunkt der Betrachtung und fokussiert weniger auf Fakten als auf subjektives Erleben, unbewusste Anteile und die emotionale Dynamik in professionellen Beziehungen.

Im Zentrum der Balint-Arbeit steht das Anliegen einer Person, die eine belastende, unklare oder konflikthafte Situation aus ihrem beruflichen Alltag schildert. Meist handelt es sich dabei um Beziehungen zu Klient:innen, Patient:innen, Kolleg:innen oder anderen beteiligten Personen, die emotional herausfordernd sind. Die Methode geht davon aus, dass sich gerade in diesen Beziehungskonstellationen bedeutsame Informationen über unbewusste Prozesse, Übertragungen und persönliche Anteile verbergen. Durch den Austausch in der Gruppe können diese Muster sichtbar und verstehbar gemacht werden - nicht durch Analyse, sondern durch Resonanz, Assoziation und gemeinsame Reflexion.

Die Balint-Methode bietet einen Raum, in dem berufliche Erfahrungen nicht nur kognitiv, sondern auch emotional und intuitiv bearbeitet werden können. Die Gruppe dient dabei als Resonanzkörper, in dem individuelle Eindrücke gespiegelt, vertieft und gemeinsam erkundet werden. Die Teilnehmer:innen profitieren nicht nur von der Bearbeitung eigener Fälle, sondern auch von der Reflexion fremder Anliegen - denn oft berühren diese Themen, die auch im eigenen Berufsalltag eine Rolle spielen.

Ziele der Methode:

- Die Beziehungsgestaltung in professionellen Kontexten reflektieren
- Subjektive Wahrnehmungen und Emotionen verstehen
- Unbewusste Dynamiken sichtbar machen
- Neue Sichtweisen auf festgefahrene oder belastende Situationen gewinnen
- Kollegiale Resonanz als Ressource erleben

Setting und Ablauf: Die Balint-Methode lebt von einem geschützten, klar strukturierten Rahmen. Die Gruppe besteht idealerweise aus 6 bis 12 Teilnehmer:innen und wird von ein bis zwei Balint-erfahrenen Leiter:innen begleitet. Es werden keine vorbereiteten Fälle präsentiert, sondern aktuelle Anliegen aus der beruflichen Praxis eingebracht. Die Dauer einer Fallsitzung beträgt in der Regel 45 bis 60 Minuten.

Ablauf in neun Phasen:

1. Fallschilderung durch den/die Fallbringer:in
2. Klärende Fragen der Gruppe
3. Antworten durch den/die Fallbringer:in
4. Freie Assoziationsrunde
5. Kommentar durch den/die Fallbringer:in
6. Hypothesenbildung durch die Gruppe
7. Kommentar durch den/die Fallbringer:in
8. Lösungsideen und Impulse
9. Abschließende Stellungnahme und Dank

1. Schilderung des Falls durch den/die Fallbringer:in

Der/die Fallbringer:in schildert das Anliegen, den Fall oder das Problem aus der Praxis. Dabei liegt der Fokus nicht auf einer vollständigen, objektiven Darstellung, sondern auf dem Erleben, den Gefühlen und den offenen Fragen im Zusammenhang mit der Beziehung zur betreffenden Person.

Handlungsanweisung für die Gruppe: Zuhören ohne Unterbrechung, keine Zwischenfragen stellen.

Handlungsanweisung für die Leitung: Den Rahmen klären, auf emotionale Anknüpfung achten, wertschätzende Atmosphäre sichern.

2. Klärende Fragen der Gruppe

Die Gruppe stellt gezielte Fragen, um das Verständnis für den Kontext und die Beziehungsgestaltung zu vertiefen.

Handlungsanweisung für die Gruppe: Nur Fragen stellen, keine Bewertungen oder Lösungsvorschläge einbringen.

Handlungsanweisung für die Leitung: Die Fragerunde begrenzen, auf Beziehungsebene fokussieren.

3. Antworten durch den/die Fallbringer:in

Der/die Fallbringer:in beantwortet die Fragen, gibt weitere Informationen oder beschreibt seine/ihre Sichtweise.

Handlungsanweisung für die Gruppe: Weiter zuhören, Beobachtungen sammeln.

Handlungsanweisung für die Leitung: Struktur halten, ggf. nachfragen oder klären helfen.

4. Freie Assoziationsrunde

Die Gruppe äußert nun spontane Gedanken, Bilder, Gefühle und Eindrücke. Es geht nicht um Logik oder Analyse, sondern um subjektive Resonanz.

Handlungsanweisung für die Gruppe: Alles darf gesagt werden, solange es aus der Ich-Perspektive geschieht. Keine Diskussionen.

Handlungsanweisung für die Leitung: Für einen geschützten Raum sorgen, zu Offenheit und Mut ermutigen.

5. Kommentar durch den/die Fallbringer:in

Der/die Fallbringer:in kann die Assoziationen der Gruppe kommentieren, ohne sich rechtfertigen zu müssen.

Handlungsanweisung für den/die Fallbringer:in: Nur benennen, was berührt hat, irritiert hat oder neu war. Kein Verteidigen.

Handlungsanweisung für die Leitung: Auf achtsamen Umgang achten, ggf. bei Unsicherheit unterstützen.

6. Hypothesenbildung durch die Gruppe

Die Gruppe formuliert Hypothesen zur Beziehungsgestaltung, zu möglichen unbewussten Dynamiken oder inneren Konflikten.

Handlungsanweisung für die Gruppe: Hypothesen als Angebote formulieren: "Könnte es sein, dass...?"

Handlungsanweisung für die Leitung: Auf konstruktive Sprache achten, Deutungsmacht vermeiden.

7. Kommentar durch den/die Fallbringer:in

Der/die Fallbringer:in gibt Rückmeldung zu den Hypothesen, nimmt neue Perspektiven auf oder grenzt sich ab.

Handlungsanweisung für den/die Fallbringer:in: Eigene Erkenntnisse benennen, bei Bedarf Missverständnisse klären.

Handlungsanweisung für die Leitung: Offenheit fördern, Bewertungen vermeiden.

8. Lösungsideen und Impulse

Die Gruppe formuliert erste Impulse oder Ideen, wie mit der Situation weiter umgegangen werden könnte.

Handlungsanweisung für die Gruppe: Ideen als Einladung, nicht als Ratschlag formulieren.

Handlungsanweisung für die Leitung: Impulse einordnen, nicht bewerten.

9. Abschließende Stellungnahme und Dank

Der/die Fallbringer:in rundet die Sitzung mit einer persönlichen Einschätzung ab und bedankt sich bei der Gruppe.

Handlungsanweisung für den/die Fallbringer:in: Was nehme ich mit? Was war hilfreich?

Handlungsanweisung für die Leitung: Abschluss ritualisieren, Gruppe wertschätzen, ggf. eine kurze Meta-Reflexion anregen.

Die Balint-Methode erfordert Vertrauen, Offenheit und eine klare Haltung der Leitung. Sie fördert nicht nur professionelles Verstehen, sondern auch emotionale Entlastung und kollegialen Zusammenhalt. Sie ist eine wertvolle Methode, um schwierige Beziehungskonstellationen im Berufsalltag tiefer zu verstehen und neue Handlungsspielräume zu erschließen. Sie verbindet fachliche Reflexion mit emotionaler Tiefe und zwischenmenschlicher Resonanz. Sie schafft einen geschützten Raum, in dem Berufstätige ihre Erlebnisse nicht nur analysieren, sondern auch fühlen und verstehen dürfen. In einer Zeit, in der Belastungen im sozialen, medizinischen und beratenden Berufsfeld zunehmen, bietet sie eine unverzichtbare Möglichkeit zur Selbstfürsorge, zur Entwicklung professioneller Beziehungskompetenz und zur Stärkung kollegialer Verbundenheit.

Persönliches Teamprofil

Einstieg in die Zusammenarbeit durch Selbstreflexion und Resonanz

Die folgende Methode eignet sich besonders gut als "Warming up" zu Beginn gemeinsamer Projekte, Teamentwicklungsprozesse oder neuer Arbeitskonstellationen. Sie unterstützt das gegenseitige Kennenlernen, schafft ein Klima der Offenheit und legt die Basis für eine wertschätzende Zusammenarbeit. Im Mittelpunkt steht das individuelle Teamprofil, das aus vier Aspekten besteht: das Erfreuliche, die eigenen Ressourcen, wahrgenommene Störungen sowie ein visionäres Teammotto. Jeder dieser Aspekte wird schriftlich bearbeitet und anschließend im Team in strukturierter Form kommuniziert. Die Methode lebt von Selbstverantwortung, Achtsamkeit und gegenseitigem Respekt.

4. Mein Team Wunsch-Motto:	1. Darüber bin ich im Team froh:
3. Das stört mich am/im Team:	2. Das kann ich dem Team bieten:

Ziele der Methode:

- Einstieg in die Teamarbeit auf einer persönlich-reflektierenden Ebene
- Sichtbarmachen individueller Stärken und Ressourcen
- Wahrnehmung und Kommunikation von Störfaktoren
- Entwicklung eines gemeinsamen Zukunftsbilds
- Stärkung der Teamkultur durch gegenseitige Resonanz

Setting und Ablauf: Die Methode eignet sich für Teams ab 4 Personen. Jede:r Teilnehmer:in benötigt ein A3-Blatt (vorzugsweise mit vier Feldern) und unterschiedliche Farbstifte. Die Moderation erklärt den Ablauf, begleitet die Reflexionsphasen und sorgt für eine achtsame Kommunikation. Der zeitliche Rahmen kann flexibel angepasst werden, empfohlen werden etwa 90 bis 120 Minuten.

Ablauf in zwölf Schritten:

1. Einführung in die Methode und Materialausgabe
2. Feld 1: Blick auf das Erfreuliche
3. Kommunikation über das Erfreuliche
4. Erste Zwischenreflexion
5. Feld 2: Blick auf die eigenen Ressourcen
6. Kommunikation über die Ressourcen
7. Feld 3: Blick auf die Störungen
8. Kommunikation über die Störungen
9. Zweite Zwischenreflexion
10. Feld 4: Vision und Wunsch-Teammotto
11. Vorbereitung der Präsentation
12. Präsentation und Austausch über die Mottos

1. Einführung und Materialausgabe

Die Moderation erklärt Ziel und Ablauf der Methode und verteilt Papier und Stifte. Die vier Felder auf dem Blatt stehen für die vier Reflexionsaspekte.

Handlungsanweisung für die Gruppe: Offenheit zulassen, konzentriert und persönlich arbeiten.

Handlungsanweisung für die Leitung: Zeitrahmen und Kommunikationsregeln transparent machen, Fragen klären.

2. Feld 1: Blick auf das Erfreuliche

Was ist aktuell erfreulich im Arbeitskontext? Das kann Aufgaben, Personen, Zusammenarbeit, Strukturen oder äußere Rahmenbedingungen betreffen.

Handlungsanweisung für die Gruppe: Positives benennen, Vielfalt zulassen, auf das eigene Erleben fokussieren.

Handlungsanweisung für die Leitung: Raum für ehrliche, auch kleine Freuden schaffen.

3. Kommunikation über das Erfreuliche

Die Teilnehmer:innen stellen ihre erfreulichen Beobachtungen vor. Rückfragen sind erlaubt, Bewertungen nicht.

Handlungsanweisung für die Gruppe: Interesse zeigen, Nachfragen stellen, aber nicht kommentieren.

Handlungsanweisung für die Leitung: Auf Wertschätzung achten, ggf. unterstützend moderieren.

4. Erste Zwischenreflexion

Wie wurde die erste Runde erlebt? Was hat berührt oder überrascht?

Handlungsanweisung für die Gruppe: Kurz reflektieren und ein bis zwei Eindrücke teilen.

Handlungsanweisung für die Leitung: Impulse aufnehmen, Offenheit fördern.

5. Feld 2: Blick auf die eigenen Ressourcen

Was bringe ich ins Team ein? Welche Stärken habe ich? Was kann ich gut, vielleicht sogar besser als andere?

Handlungsanweisung für die Gruppe: Ehrlich, aber bescheiden sein. Auch weniger sichtbare Ressourcen benennen.

Handlungsanweisung für die Leitung: Den Wert der Selbstsicht betonen, Leistungsdruck vermeiden.

6. Kommunikation über die Ressourcen

Die Teilnehmer:innen berichten von ihren Kompetenzen und Stärken. Dies kann für viele mit Unsicherheiten verbunden sein.

Handlungsanweisung für die Gruppe: Wohlwollend zuhören, Mut machen durch Nachfragen.

Handlungsanweisung für die Leitung: Ermutigen, auch versteckte Talente zu zeigen.

7. Feld 3: Blick auf die Störungen Was stört im Team oder der Zusammenarbeit? Kleine wie große Themen dürfen benannt werden.

Handlungsanweisung für die Gruppe: Auf Ich-Botschaften achten, keine Schuldzuweisungen.

Handlungsanweisung für die Leitung: Feedbackregeln erinnern, Spannungen behutsam begleiten.

8. Kommunikation über die Störungen Die Störungen werden vorgestellt. Ziel ist nicht die Lösung, sondern das Gehör und Verstehen.

Handlungsanweisung für die Gruppe: Aktiv zuhören, nicht in die Diskussion gehen.

Handlungsanweisung für die Leitung: Den Schutzraum wahren, Eskalationen vermeiden.

9. Zweite Zwischenreflexion Was war bekannt, was neu? Welche Themen haben berührt? Gibt es Klärungsbedarf?

Handlungsanweisung für die Gruppe: Eindrücke teilen, Verknüpfungen herstellen.

Handlungsanweisung für die Leitung: Gemeinsame Themen herausfiltern, Raum für Austausch lassen.

10. Feld 4: Vision und Wunsch-Teammotto Wie soll das Team in Zukunft idealerweise sein? Welcher Leitsatz würde diesen Idealzustand beschreiben?

Handlungsanweisung für die Gruppe: Kreativ denken, Träumen zulassen.

Handlungsanweisung für die Leitung: Ermutigen, große Bilder zuzulassen.

11. Vorbereitung der Präsentation Jede:r bereitet sich auf die Vorstellung des eigenen Wunsch-Mottos vor. Dies kann schriftlich, bildlich oder symbolisch geschehen.

Handlungsanweisung für die Gruppe: Eine Form wählen, die zu einem selbst passt.

Handlungsanweisung für die Leitung: Zeit geben, auf individuelle Ausdrucksformen achten.

12. Präsentation und Austausch über die Mottos Die Mottos werden vorgestellt. Gibt es Überschneidungen? Lassen sich Mottos zu einem gemeinsamen Leitbild verdichten?

Handlungsanweisung für die Gruppe: Respekt für jede Form des Ausdrucks zeigen, Unterschiede wertschätzen.

Handlungsanweisung für die Leitung: Gemeinsame Themen sichtbar machen, Verbindendes betonen.

Das Persönliche Teamprofil bietet einen strukturierten, aber zugleich offenen Raum für Selbstreflexion und Teamresonanz. Die Methode hilft dabei, individuelle Perspektiven sichtbar zu machen, Verbindungen zu stärken und erste Impulse für die Zusammenarbeit zu setzen. Sie eignet sich besonders in frühen Phasen der Teambildung, aber auch zur Klärung und Re-Ausrichtung bestehender Teams.

6-Hüte Methode

Perspektivenwechsel und strukturierte Ideengenerierung
nach Edward de Bono

Die 6-Hüte-Methode wurde vom Kreativitätsforscher Edward de Bono entwickelt und bietet eine strukturierte Form der Perspektivenerweiterung. Sie eignet sich besonders zur Bearbeitung komplexer Aufgabenstellungen, zur Entwicklung neuer Ideen sowie zur Bewertung bereits erarbeiteter Lösungsansätze. Durch das Einnehmen unterschiedlicher Denkrollen wird verhindert, dass sich Diskussionen einseitig entwickeln oder in vorschnellen Bewertungen verlaufen.

Ziele der Methode:

- Wechsel der Perspektive bewusst einüben
- Kreativität und Struktur in Denkprozesse bringen
- Sachliche, emotionale, kreative und kritische Aspekte gleichwertig einbeziehen
- Vielschichtige Ideenentwicklung fördern
- Diskussionen strukturieren und moderieren

Setting und Ablauf: Die Methode kann mit Gruppen ab 4 Personen durchgeführt werden. Jede Denkweise wird durch einen symbolischen "Hut" in einer bestimmten Farbe dargestellt. Diese Farben stehen für klar definierte Denkhaltungen. Die Teilnehmer:innen nehmen im Wechsel oder fest zugeordnet unterschiedliche Rollen ein. Moderiert wird der Prozess von einer Person mit dem "blauen Hut". Materialien wie farbige Hüte, Armbänder oder Tischkärtchen erleichtern die visuelle Zuordnung. Die Aussagen zu jeder Denkweise werden gesammelt, idealerweise sichtbar auf Pinnwänden oder Flipcharts.

Kurzübersicht der sechs Hüte:

- Weißer Hut: Analytisches, faktenbasiertes Denken
- Roter Hut: Emotionen, Intuition, subjektive Eindrücke
- Schwarzer Hut: Risiken, Kritik, Gefahren
- Gelber Hut: Chancen, Optimismus, positive Aspekte
- Grüner Hut: Kreativität, neue Ideen, Alternativen
- Blauer Hut: Struktur, Steuerung, Prozessüberblick

Beschreibung der einzelnen Hüte:

Der weiße Hut steht für: Analytisches Denken, Konzentration auf Tatsachen, objektive Haltung.

Wer den weißen Hut trägt, versucht sich ausschließlich auf Daten, Fakten und Informationen zu konzentrieren. Es geht darum, das Thema so objektiv wie möglich zu betrachten, ganz ohne Bewertungen, Interpretationen oder Emotionen. Der weiße Hut entspricht in gewisser Weise einem Computer, der Informationen verarbeitet, aber keine eigene Meinung hat. Dieser Denkstil eignet sich besonders für den Einstieg in eine Diskussion, um einen neutralen Überblick zu schaffen und Informationslücken sichtbar zu machen.

Der rote Hut steht für: Emotionales Denken, subjektive Empfindungen, Intuition.

Mit dem roten Hut wird dem Gefühl Raum gegeben: Freude, Angst, Sympathie, Skepsis, Begeisterung, Frustration - alles darf sein. Auch vage Intuitionen und erste Bauchgefühle finden hier ihren Platz, ohne dass sie begründet oder verteidigt werden müssen. Die subjektive Wahrnehmung wird so als wertvolle Informationsquelle anerkannt. Es geht nicht darum, Emotionen zu analysieren, sondern sie bewusst und offen auszusprechen.

Der schwarze Hut steht für: Kritisches Denken, Risikobetrachtung, objektive Einwände.

Der schwarze Hut ist der "Anwalt der Vorsicht". Wer ihn trägt, benennt alle denkbaren Risiken, Schwierigkeiten und Schwächen einer Idee. Wichtig ist dabei, dass es sich um sachlich nachvollziehbare Bedenken handelt und nicht um Gefühlsurteile. Ziel ist es, ein realistisches Bild der Herausforderungen zu gewinnen, um Fehlentscheidungen zu vermeiden oder rechtzeitig gegenzusteuern. Kritik ist hier ausdrücklich erlaubt und gewünscht - solange sie sachlich bleibt.

Der gelbe Hut steht für: Optimistisches Denken, Chancenorientierung, spekulative Haltung.

Mit dem gelben Hut wird das Potenzial eines Vorhabens erkundet. Welche Chancen ergeben sich? Welche Vorteile könnte eine Lösung haben? Es geht um das realistische Erkennen von positiven Aspekten, nicht um blinden Enthusiasmus. Diese Denkweise fördert Zuversicht, Motivation und die Suche nach konstruktiven Wegen. Auch scheinbar kleine Möglichkeiten sollen hier sichtbar werden.

Der grüne Hut steht für: Kreatives, assoziatives Denken, neue Ideen, visionäre Ansätze.

Der grüne Hut erlaubt alles Unkonventionelle: neue Ideen, verrückte Vorschläge, kreative Assoziationen. Es geht um Erweiterung des Denkraums, nicht um Bewertung. Auch Provokationen oder bewusste Regelbrüche sind erlaubt, wenn sie neue Denkanstöße geben. Die Gruppe darf hier frei spinnen und ausprobieren, ohne Angst vor Kritik oder "Unsinn".

Der blaue Hut steht für: Ordnendes Denken, Steuerung, Überblick.

Der blaue Hut wird meist vom Moderator bzw. der Moderatorin getragen. Er oder sie strukturiert den Prozess, achtet auf die Einhaltung der Rollen und fasst Ergebnisse zusammen. Der blaue Hut steht für die Meta-Ebene: Er reflektiert, wie gearbeitet wird, welche Hüte wann gebraucht werden und wie der Prozess weitergeht. Alternativ kann auch reihum eine Person diesen Hut tragen. Der blaue Hut ist sowohl Anfang als auch Ende - er rahmt die Diskussion.

Ablauf in sieben Schritten:

1. Einführung und Rollenvergabe Die Methode wird vorgestellt, inklusive Bedeutung der sechs Hüte. Rollen werden verteilt oder reihum eingenommen.

Handlungsanweisung für die Gruppe: Offenheit für neue Denkweisen zulassen, spielerisch mit Rollen arbeiten.

Handlungsanweisung für die Leitung: Bedeutung und Ablauf der Methode verständlich erklären, Zuordnung der Farben klären.

2. Weißer Hut: Fokus auf Fakten und Daten Welche Informationen liegen vor? Was wissen wir? Was fehlt?

Handlungsanweisung für die Gruppe: Nur sachliche Informationen nennen, keine Interpretationen.

Handlungsanweisung für die Leitung: Auf Objektivität achten, ggf. zur Faktenrecherche anregen.

3. Roter Hut: Emotionale Resonanz zulassen Welche Gefühle, Intuitionen oder spontanen Reaktionen tauchen auf?

Handlungsanweisung für die Gruppe: Subjektive Eindrücke benennen, ohne Erklärung oder Rechtfertigung.

Handlungsanweisung für die Leitung: Emotionale Aussagen wertschätzen, Raum für intuitive Zugänge schaffen.

4. Schwarzer Hut: Kritisches Denken aktivieren Was sind Risiken, Schwächen, potenzielle Probleme?

Handlungsanweisung für die Gruppe: Objektive Kritik äußern, Gefahren und Grenzen benennen.

Handlungsanweisung für die Leitung: Unterscheidung zwischen Kritik und Emotion betonen.

5. Gelber Hut: Positive Aspekte und Chancen sehen Was spricht für die Idee? Welche Chancen sind erkennbar?

Handlungsanweisung für die Gruppe: Optimistische, realistische Vorteile herausarbeiten.

Handlungsanweisung für die Leitung: Positives sichtbar machen, motivierende Impulse verstärken.

6. Grüner Hut: Kreative Ideen entwickeln Welche neuen Möglichkeiten, Alternativen, unkonventionellen Ansätze gibt es?

Handlungsanweisung für die Gruppe: Assoziativ denken, auch "verrückte" Ideen zulassen.

Handlungsanweisung für die Leitung: Kreativitätstechniken einführen, Bewertung aussetzen.

7. Blauer Hut: Struktur geben und zusammenfassen Was wurde erarbeitet? Welche Schritte folgen daraus?

Handlungsanweisung für die Gruppe: Gemeinsame Ergebnisse reflektieren und ordnen.

Handlungsanweisung für die Leitung: Prozesssteuerung übernehmen, Transfer in die Praxis unterstützen.

Die 6-Hüte-Methode bietet einen klar strukturierten und gleichzeitig kreativen Rahmen für Entscheidungsfindung und Ideengenerierung. Durch den gezielten Perspektivwechsel entstehen differenzierte Diskussionen, in denen Emotion, Fakten, Kreativität und Kritik gleichberechtigt Raum erhalten. Die Methode fördert ein respektvolles Miteinander und erweitert das Denk- und Handlungsspektrum aller Beteiligten.

Lösungsmatrix

Systematische Betrachtung komplexer Situationen anhand von neun relevanten Themenfeldern.

Die Lösungsmatrix ist ein visuelles Reflexionswerkzeug, das Klient:innen dabei unterstützt, ein Problem oder Anliegen systematisch zu klären und schrittweise Lösungswege zu entwickeln. Sie basiert auf einem Raster mit neun Feldern, die drei zentrale Themenbereiche (Problem, Ressourcen, Lösung) in Bezug auf drei Zeitdimensionen (Gestern, Heute, Morgen) beleuchten. Jedes Feld regt zu spezifischen Fragen und Denkbewegungen an. Ziel ist es, aus der Problemverhaftung herauszukommen, vorhandene Stärken zu erkennen und neue Handlungsspielräume zu erschließen.

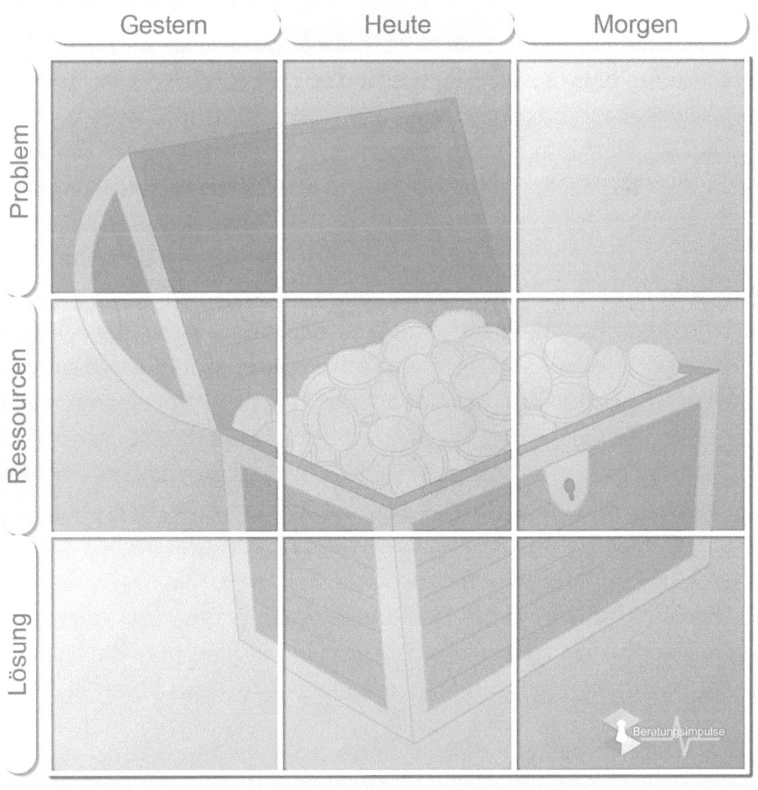

Ziele der Methode:

- Problem- und Ressourcenanalyse auf drei Zeitebenen
- Strukturierte Reflexion und Perspektivwechsel
- Aktivierung von Selbstwirksamkeit und Handlungsmotivation
- Entwicklung konkreter, nachhaltiger Lösungsansätze

Setting und Ablauf: Die Methode eignet sich für Einzelberatungen, Coachings und Supervisionsprozesse. Die Lösungsmatrix kann auf Papier oder digital eingesetzt werden. Ideal ist ein großes Blatt (z. B. A3) mit den neun Feldern und Platz für Notizen. Die Berater:in begleitet die Klient:in durch alle Felder mit gezielten Fragen. Der Ablauf kann flexibel gestaltet werden, sollte jedoch alle neun Felder einbeziehen.

Vorgehensweise für Supervisor:innen:

1. **Einleitung und Zielklärung:** Erläutere den Sinn und Aufbau der Lösungsmatrix. Kläre gemeinsam mit der Supervisand:in, welches konkrete Anliegen bearbeitet werden soll.
2. **Materialbereitstellung:** Lege ein vorbereitetes Raster vor (ausgedruckt oder auf einem Flipchart). Alternativ kann die Supervisand:in das Raster selbst zeichnen, um sich damit aktiv zu verbinden.
3. **Prozessorientiertes Arbeiten:** Erarbeite gemeinsam, aber schrittweise Feld für Feld. Stelle gezielte, offene Fragen entsprechend der Felder (siehe unten). Notiere wichtige Aussagen stichwortartig im jeweiligen Feld oder bitte die Supervisand:in, dies selbst zu tun.
4. **Pausen und Vertiefung:** Halte inne, wenn starke Emotionen, Aha-Momente oder Klärungsbedarfe auftauchen. Nutze diese Gelegenheiten zur Vertiefung oder zur emotionalen Entlastung.
5. **Transfer sichern:** Fasse zum Schluss die wichtigsten Erkenntnisse zusammen und leite daraus gemeinsam erste konkrete Handlungsschritte ab. Achte darauf, dass Ressourcen und Selbstwirksamkeit gestärkt hervorgehoben werden.
6. **Dokumentation und Nachverfolgung:** Frage, ob die Supervisand:in die Matrix als Arbeitsgrundlage behalten möchte, und biete ggf. an, in einer späteren Sitzung darauf zurückzukommen.

Die neun Felder im Überblick:

1. Problem gestern

- Wie lange besteht das Problem bereits?
- Aus welchen Komponenten setzt es sich zusammen?
- Was hat zur Entstehung beigetragen?

2. Problem heute

- Was hält das Problem aktuell aufrecht?
- Welche Funktion erfüllt das Problem (z. B. Schutz, Struktur)?
- Gibt es Aspekte, die (noch) nicht losgelassen werden können?

3. Problem morgen

- Was wäre anders, wenn das Problem morgen verschwunden wäre?
- Woran würden Sie das merken?
- Welche konkreten Auswirkungen hätte das auf Ihr Leben?

4. Ressourcen gestern

- Was hat Ihnen in früheren, ähnlichen Situationen geholfen?
- Auf welche Stärken, Fähigkeiten oder Netzwerke konnten Sie zurückgreifen?
- Welche dieser Ressourcen sind heute noch verfügbar?

5. Ressourcen heute

- Welche Ressourcen stehen Ihnen aktuell zur Verfügung?
- Was brauchen Sie heute konkret, um handlungsfähig zu werden?
- Gibt es eine sinnvolle Reihenfolge oder Priorität dieser Ressourcen?

6. Ressourcen morgen

- Welche Ressourcen werden Sie auf dem Weg zur Lösung nutzen?
- Welche neuen Kompetenzen oder Unterstützungen könnten hinzukommen?
- Was gewinnen Sie langfristig durch die Lösung des Problems?

7. Lösung gestern

- Was haben Sie bisher zur Problemlösung unternommen?
- Was hat funktioniert, was nicht?
- Was war Ihre wichtigste Lernerfahrung daraus?

8. Lösung heute

- Was können Sie heute konkret tun?
- Was wäre ein erster, realistischer Schritt?
- Womit möchten oder können Sie jetzt beginnen?

9. Lösung morgen

- Was werden Sie tun, wenn das Problem gelöst ist?
- Was nehmen Sie für zukünftige Herausforderungen daraus mit?
- Wie werden Sie in einigen Monaten oder Jahren auf die heutige Situation zurückblicken?

Die Lösungsmatrix bietet eine einfache, aber tiefgehende Struktur für Beratungs- und Klärungsprozesse. Sie fördert systemisches Denken, ermutigt zur Selbstreflexion und lenkt die Aufmerksamkeit gezielt auf Ressourcen und Lösungswege. Durch die Kombination aus Vergangenheit, Gegenwart und Zukunft entsteht ein ganzheitliches Bild, das Perspektiven öffnet und die Entwicklung konkreter Handlungsschritte ermöglicht. Die Methode kann kreativ erweitert werden, z. B. durch Visualisierungen, Symbole oder farbliche Markierungen.

Feedforward

Ressourcenorientierte Methode zur Entwicklung konstruktiver Zukunftsperspektiven statt rückblickender Kritik

Die Feedforward-Methode ist eine ressourcen- und zukunftsorientierte Variante des klassischen Feedbacks. Anstatt sich mit vergangenen Verhaltensweisen zu beschäftigen, liegt der Fokus ausschließlich auf zukünftigem, erwünschtem Verhalten. Dadurch wird der Blick nach vorn gerichtet, Handlungsspielraum eröffnet und die Energie im Dialog auf Möglichkeiten und Entwicklung gelenkt.

Ziele der Methode:

- Förderung einer positiven, zukunftsgerichteten Feedbackkultur
- Reflexion und Erweiterung des eigenen Verhaltensrepertoires
- Konstruktiver Umgang mit Erwartungen
- Aktivierung individueller und kollektiver Ressourcen

Setting und Ablauf: Die Methode eignet sich für Teams, Arbeitsgruppen, Weiterbildungen und Supervisionen. Sie kann in dyadischer Form (Zweiergruppen) oder im Plenum durchgeführt werden. Alle Teilnehmer:innen durchlaufen nacheinander zwei Rollen: Gebende (Ratschlaggebende) und Nehmende (Feedback-Empfangende). Wichtig ist eine offene, zugewandte Haltung, in der alle Empfehlungen als wohlwollende Anregungen verstanden werden.

Vorteile der Methode:

- Der Fokus liegt auf Potenzial statt auf Defiziten.
- Es entsteht eine konstruktive, lernorientierte Atmosphäre.
- Die Empfehlungen sind für alle hörbar, wodurch auch indirektes Lernen möglich wird.
- Die Methode fördert Vertrauen, Offenheit und gegenseitige Unterstützung im Team.

Hinweise für Supervisor:innen:

- Kläre zu Beginn die Unterschiede zu klassischem Feedback.
- Betone die Haltung: ressourcenorientiert, urteilsfrei, zukunftsgerichtet.
- Stelle sicher, dass der gewünschte Verhaltensaspekt wirklich von der betroffenen Person selbst kommt.
- Achte auf die Einhaltung der Grundregel: keine Bezugnahme auf die Vergangenheit.
- Ermutige zur schriftlichen Notiz der erhaltenen Empfehlungen.
- Biete nach Abschluss eine kurze Reflexionsrunde an (z. B.: "Was nehme ich mit?", "Welche Anregung war besonders wertvoll?").

Vorgehensweise in zwei Schritten:

1. Einführung

Die Moderator:in (Supervisor:in) stellt die Methode vor und erklärt die zugrunde liegende Haltung: Es geht nicht um Kritik, sondern um entwicklungsorientierte Impulse für die Zukunft. Die Regeln werden klargemacht:

- In der Rolle des/der **Gebenden** geben die Teilnehmer:innen zwei Empfehlungen zu einem von der anderen Person gewählten Verhaltensaspekt. Die Empfehlungen sollen so allgemein und zukunftsgerichtet wie möglich formuliert sein, ohne auf vergangenes Verhalten Bezug zu nehmen. Beispiele für solche Empfehlungen könnten sein: "Achte darauf, auch in schwierigen Gesprächen ruhig und strukturiert zu bleiben." oder "Versuche, in Meetings deine Ideen früher einzubringen, damit sie mehr Wirkung entfalten." Wichtig ist, dass die Empfehlungen ermutigend, konkret und umsetzbar sind, ohne belehrend zu wirken.
- In der Rolle des/der **Nehmenden** erbitten die Teilnehmer:innen Feedforward zu einem Aspekt, bei dem sie sich Entwicklung oder Orientierung wünschen. Sie hören aktiv zu und sammeln die Ideen für sich, ohne zu kommentieren oder zu erklären.

2. Durchführung

- Jede Person überlegt sich einen konkreten Verhaltensaspekt, zu dem sie Feedforward erhalten möchte (z. B. "Ich möchte souveräner in Konfliktsituationen agieren.").
- Nacheinander teilt jede:r Teilnehmer:in der Gruppe mit, woran er/sie arbeiten möchte.
- Die übrigen Gruppenmitglieder geben je zwei Empfehlungen, die auf Zukunft und Entwicklung ausgerichtet sind. Dabei wird auf konkrete Ereignisse oder vergangenes Verhalten bewusst verzichtet. Tipp: So sprechen, als kenne man die Person nicht.
- Der/die Nehmende bedankt sich für die Empfehlungen und nimmt sie still zur Kenntnis.
- Danach wechselt die Rolle.
- Der Prozess wird fortgesetzt, bis alle an der Reihe waren.

Feedforward bietet eine kraftvolle Alternative zum gewohnten Feedback, bei dem oft Rechtfertigung, Scham oder Abwehr ausgelöst werden. Stattdessen richtet sich der Blick nach vorn, hin zu Wachstum, Entwicklung und stärkerer Selbstwirksamkeit. Die Methode eignet sich für individuelle Entwicklungsprozesse ebenso wie zur Förderung einer positiven Feedbackkultur in Teams und Organisationen.

Disney-Methode

Kreative Ideenentwicklung mit strukturiertem Perspektivwechsel

Die Disney-Methode, benannt nach dem Filmproduzenten Walt Disney, ist eine Kreativtechnik, die durch systematischen Perspektivwechsel neue Ideen generiert und weiterentwickelt. Sie basiert auf der Annahme, dass erfolgreiche Innovation sowohl Träume als auch kritische Prüfung und Realitätsbezug braucht. Die Methode unterteilt den Denkprozess in drei klar getrennte Rollen: den Träumer, den Realist und den Kritiker. Durch das nacheinander eingenommene Einnehmen dieser Perspektiven entstehen kreative, gleichzeitig aber auch umsetzbare Lösungsansätze.

Ziele der Methode:

- Ideenentwicklung mit Struktur und Tiefe
- Trennung von Kreativität, Umsetzbarkeit und kritischer Reflexion
- Förderung der Zusammenarbeit im Team
- Aktivierung unterschiedlicher Denkmodi bei Einzelpersonen und Gruppen

Setting und Ablauf: Die Methode eignet sich für Einzelpersonen, Teams oder Gruppen ab drei Personen. Optimal ist ein Raum mit drei klar voneinander abgegrenzten Bereichen, die den drei Perspektiven zugeordnet werden. Alternativ können die Rollen auch nacheinander verbal eingenommen werden. Eine Moderation unterstützt den Prozess, achtet auf Rollenreinheit und strukturiert die Ergebnisse.

Vorteile der Methode:

- Strukturierter Zugang zu Kreativität und Problemlösung
- Rollenklarheit fördert Vielfalt der Perspektiven
- Auch „kritische Stimmen" erhalten gezielt Raum
- Ergebnisse sind kreativ und zugleich realitätsnah

Hinweise für Supervisor:innen:

- Unterstütze aktiv den Perspektivwechsel und begleite den Wechsel zwischen den Rollen achtsam.
- Achte darauf, dass bei Bedarf in frühere Rollen zurückgekehrt werden darf - insbesondere, wenn aus der Kritikerrolle neue Aspekte entstehen, die eine kreative oder realistische Nachbearbeitung benötigen.
- Kläre vorab das Thema oder die Fragestellung, die bearbeitet werden soll.
- Visualisiere die Ideen aus jeder Phase gut sichtbar für alle.
- Nutze ggf. mehrere Durchläufe: Die Kritik kann neue Traumphasen anregen.
- Biete eine Abschlussrunde zur Reflexion: „Was hat überrascht?", „Was ist nun klarer?", „Welchen nächsten Schritt sehe ich?"
- Achte auf klare Trennung der Rollen - jede Perspektive braucht ihren Raum.
- Kläre vorab das Thema oder die Fragestellung, die bearbeitet werden soll.
- Visualisiere die Ideen aus jeder Phase gut sichtbar für alle.
- Nutze ggf. mehrere Durchläufe: Die Kritik kann neue Traumphasen anregen.
- Biete eine Abschlussrunde zur Reflexion: „Was hat überrascht?", „Was ist nun klarer?", „Welchen nächsten Schritt sehe ich?"

Visualisierungsmöglichkeiten:

- Richte den Raum so ein, dass die drei Denkrollen räumlich voneinander getrennt erlebbar sind - z. B. durch drei beschriftete Stühle oder Ecken im Raum (Träumer - Realist - Kritiker).
- Verwende farbige Bodenmarker, Poster oder Symbole, um die Rollen sichtbar zu machen.
- Erstelle eine Flipchart oder ein Whiteboard für jede Denkrolle, auf der die jeweiligen Ideen festgehalten werden.
- Nutze Rollenkarten oder farbige Hüte/Bänder zur Kennzeichnung der jeweiligen Perspektive.

- Bei Online-Formaten können Breakout-Räume oder virtuelle Whiteboards (z. B. Miro, Mural) genutzt werden, um die Denkebenen zu trennen und gleichzeitig zu dokumentieren.

Vorgehensweise in drei Schritten:

Ein zentraler Aspekt der Disney-Methode ist ihre Flexibilität: Obwohl die drei Perspektiven nacheinander eingenommen werden, ist ein Zurückspringen in eine vorherige Rolle jederzeit möglich und oft sogar sinnvoll. Zeigt die Kritiker-Rolle beispielsweise Schwächen auf, die noch nicht ausreichend gelöst sind, kann es hilfreich sein, erneut in die Realisten- oder Träumerrolle zu wechseln. Dieser Wechsel kann so lange fortgeführt werden, bis keine wesentlichen Einwände mehr bestehen und ein konsensfähiger, tragfähiger Lösungsansatz entsteht. Dadurch wird der kreative Prozess lebendig und iterativ - mit dem Ziel, eine Idee zu entwickeln, die inspiriert, realisierbar ist und kritischen Prüfungen standhält.

1. Träumer - Die kreative Phase In dieser Phase werden visionäre Ideen ohne Einschränkung gesammelt. Alles ist erlaubt - je ungewöhnlicher, desto besser. Es geht darum, Wünsche, Visionen und verrückte Einfälle zu formulieren, ohne über Umsetzung oder Realisierbarkeit nachzudenken.

Beispielfragen:

- Was wäre möglich, wenn alles erlaubt wäre?
- Wie sähe die ideale Lösung aus?
- Was wünsche ich mir im besten Fall?

Hinweise für die Moderation: Ermutige zu Fantasie und Weitblick. Notiere alle Ideen, ohne zu kommentieren oder zu bewerten.

2. Realist - Die umsetzungsorientierte Phase Nun wird überlegt, wie die Ideen konkret realisiert werden könnten. Es geht um Planung, Ressourcen, erste Schritte und die Frage: Was davon ist wie umsetzbar?

Beispielfragen:

- Wie könnte eine Umsetzung aussehen?
- Welche Schritte wären nötig?
- Wer müsste einbezogen werden?

Hinweise für die Moderation: Unterstütze dabei, konkrete Maßnahmen zu entwickeln. Führe zurück zur Frage: „Was ist machbar?"

3. Kritiker - Die prüfende Phase Abschließend wird das Vorhaben kritisch hinterfragt. Risiken, Schwächen, Hindernisse werden beleuchtet. Ziel ist keine Zerstörung der Idee, sondern ein konstruktiver Realitätscheck.

Beispielfragen:

- Wo liegen mögliche Stolpersteine?
- Was könnte nicht funktionieren?
- Welche Aspekte sollten überarbeitet werden?

Hinweise für die Moderation: Achte darauf, dass die Kritik sachlich und konstruktiv bleibt. Ergebnisse aus dieser Phase können als Impulse für eine neue Traum- oder Realistenrunde dienen.

Fallbeispiel aus der Supervision:

Ein interdisziplinäres Team aus einem psychosozialen Zentrum steht vor der Herausforderung, ein neues Gruppenangebot für Jugendliche mit psychischen Belastungen zu entwickeln. In einer Supervisionssitzung wird die Disney-Methode angewendet, um kreative und zugleich realistische Ideen für Aufbau und Durchführung zu entwickeln.

Träumer-Phase: Die Teammitglieder stellen sich vor, sie hätten unbegrenzte Mittel und völlige Freiheit. Ideen wie ein mobiles Therapie-Café, kreative Workshops mit Künstler:innen oder ein Wochenend-Retreat im Grünen entstehen. Nichts wird verworfen - alles darf gedacht werden.

Realisten-Phase: Nun wird geprüft, was davon mit den vorhandenen Ressourcen umsetzbar wäre. Es entsteht der Plan, in der Einrichtung einen wöchentlichen Kreativnachmittag zu etablieren - mit wechselnden Themen, offenem Zugang und Einbindung externer Gäste. Ein Budget wird kalkuliert, Verantwortlichkeiten verteilt.

Kritiker-Phase: In dieser Phase werden mögliche Stolpersteine benannt: Wer übernimmt die Betreuung bei erhöhtem Unterstützungsbedarf? Wie kann sichergestellt werden, dass die Jugendlichen regelmäßig teilnehmen? Braucht es eine verbindlichere Struktur? Aus diesen Fragen ergeben sich wertvolle Ergänzungen für das Konzept.

Am Ende steht ein tragfähiger Entwurf für das Gruppenangebot, der aus einer kreativen Vision entstanden und durch realistische Planung sowie kritische Prüfung verfeinert wurde. Die Methode wurde von den Teammitgliedern als inspirierend, motivierend und entlastend erlebt.

Die Disney-Methode bietet eine elegante Verbindung von kreativer Freiheit, konkreter Planung und kritischer Reflexion. Sie hilft Einzelpersonen und Teams dabei, ungewöhnliche Lösungen zu entwickeln, ohne dabei die Umsetzbarkeit aus dem Blick zu verlieren. Eine ideale Methode für Supervision, Projektplanung und Innovationsprozesse.

Fishbowl

Beobachtung und Reflexion in einem offenen, rotierenden Gruppenformat.

Die Fishbowl-Methode ist ein dialogorientiertes Format, das einen strukturierten und zugleich offenen Austausch innerhalb von Gruppen ermöglicht. Sie bietet Raum für differenzierte Meinungsäußerungen, aktives Zuhören und reflektiertes Sprechen. Die Methode eignet sich besonders gut, wenn in einer Supervision unterschiedliche Sichtweisen zu einem Thema gesammelt, diskutiert oder weiterentwickelt werden sollen - etwa bei komplexen Teamfragen, ethischen Dilemmata oder bei der Bearbeitung von Ergebnissen vorangegangener Gruppenprozesse.

Ziele der Methode

- Förderung eines respektvollen und fokussierten Gesprächsklimas
- Sichtbarmachung verschiedener Perspektiven zu einem Thema
- Aktivierung der Gruppe bei gleichzeitiger Strukturierung des Diskurses
- Stärkung von Selbststeuerung und Verantwortungsübernahme
- Förderung von Tiefe und Reflexion durch zeitlich begrenzte Redebeiträge

Vorteile der Methode

- Ermöglicht intensive Diskussion ohne Dominanz einzelner Stimmen
- Verbindet aktives Sprechen mit bewusstem Zuhören
- Fördert Perspektivwechsel durch flexible Rollenwechsel
- Gut einsetzbar auch bei heiklen oder konflikthaften Themen
- Hohe Eigenverantwortung der Teilnehmenden stärkt die Gruppendynamik

Hinweise für Supervisor:innen

- **Ermögliche und begleite Perspektivwechsel:** Unterstütze aktiv den Rollenwechsel zwischen Zuhörenden und Sprechenden. Ermutige dazu, sich einzubringen - aber achte auch auf Rückzugsmöglichkeiten nach einem Beitrag.
- **Kläre den thematischen Fokus vorab:** Formuliere gemeinsam mit der Gruppe eine klare Fragestellung oder ein Thema, das im Innenkreis diskutiert werden soll. Das schafft Orientierung und Zielgerichtetheit.
- **Moderation mit Fingerspitzengefühl:** Halte dich während der Diskussion im Hintergrund, greife aber bei Bedarf ein - etwa bei Regelverstößen, Unklarheiten oder dominanten Redebeiträgen.
- **Strukturiere den Rollenwechsel transparent:** Erkläre zu Beginn genau, wie der freie Stuhl genutzt werden darf, und unterstütze bei Unsicherheit durch klare Impulse.
- **Wertschätze auch das Zuhören:** Betone, dass Zuhören eine aktive Rolle ist und wesentlich zum Gelingen der Methode beiträgt. Schaffe Raum für Beobachtungen in der Auswertungsphase.
- **Visualisiere zentrale Impulse:** Halte zentrale Aussagen, Themen oder Erkenntnisse sichtbar fest - z. B. auf Flipchart oder Karteikarten. So entsteht ein greifbares Gruppengedächtnis.
- **Biete eine strukturierte Auswertung an:** Nutze gezielte Reflexionfragen wie

    - „Was habe ich aus der Diskussion mitgenommen?"
    - „Was wurde neu deutlich?"
    - „Was hat mich berührt, irritiert oder inspiriert?"

- **Ermögliche mehrere Durchläufe, wenn sinnvoll:** Bei komplexen Themen kann es hilfreich sein, nach einer ersten Runde neue Fragestellungen zu formulieren oder die Rollen zu tauschen.

Setting und Ablauf

Die Methode eignet sich für Gruppen ab acht Personen und kann in Supervision, Teamberatung oder Fortbildungssettings eingesetzt werden. Sie erfordert einen ausreichend großen Raum, in dem zwei klar voneinander abgegrenzte Sitzkreise gebildet werden können: ein kleiner Innenkreis für die aktive Diskussion und ein größerer Außenkreis für die Zuhörenden. Ein Stuhl im Innenkreis bleibt bewusst frei, um spontane Beteiligung zu ermöglichen. Die Fishbowl lässt sich flexibel an Gruppengröße, Thema und Zeitrahmen anpassen. Sie kann als einmalige Methode eingesetzt oder in mehreren Durchläufen vertiefend genutzt werden - etwa mit wechselnden Themen, Rollen oder Fragestellungen. Eine visuelle Begleitung (z. B. durch Mitschrift auf Flipchart) unterstützt die Ergebnissicherung und Reflexion.

Vorgehensweise:

1. Vorbereitung des Settings
Der Raum wird so vorbereitet, dass zwei klar getrennte Stuhlkreise entstehen:

- Ein Innenkreis mit vier bis sechs Stühlen für die aktive Diskussionsgruppe - ein Stuhl davon bleibt bewusst frei.
- Ein Außenkreis für die übrigen Teilnehmer:innen, die zunächst in der Zuhörrolle bleiben.

2. Einführung in das Format
Die Supervisor:in erläutert das Ziel der Methode, die Rollen der beiden Kreise und die geltenden Diskussionsregeln. Gemeinsam wird ein Thema oder eine Fragestellung definiert, zu der diskutiert werden soll. Die Dauer der Diskussionsphase wird vorab festgelegt (z. B. 20-30 Minuten).

3. Diskussion im Innenkreis
Die Teilnehmer:innen im Innenkreis beginnen mit dem Austausch. Sie

diskutieren ein aktuelles Thema, reflektieren Fragestellungen oder besprechen Ergebnisse aus einer vorherigen Arbeitsphase.

4. Zuhören im Außenkreis

Die Personen im Außenkreis nehmen ausschließlich die Rolle der aufmerksamen Beobachtenden ein. Es wird nicht gesprochen, kommentiert oder eingegriffen - der Fokus liegt auf aktivem, respektvollem Zuhören.

5. Partizipation über den freien Stuhl

Wer aus dem Außenkreis einen eigenen Beitrag leisten möchte, darf sich auf den freien Stuhl im Innenkreis setzen.Nach dem Beitrag kehrt die Person wieder auf ihren ursprünglichen Platz im Außenkreis zurück. So bleibt der freie Stuhl für weitere Beteiligung verfügbar und die Struktur erhalten.

6. Diskussionsphase beenden und Auswertung einleiten

Nach Ablauf der festgelegten Zeit wird die Diskussion im Innenkreis beendet. Nun kommen die Zuhörenden aus dem Außenkreis zu Wort. Sie schildern ihre Beobachtungen, Eindrücke oder Fragen - ohne Bewertung.

7. Gemeinsame Reflexion

In einer Abschlussrunde reflektiert die gesamte Gruppe:

- Welche Erkenntnisse sind entstanden?
- Was wurde neu deutlich?
- Welche Aspekte sind noch offen?
- Wie lassen sich die Ergebnisse in die Praxis übertragen?

Diskussionsregeln

1. Es spricht ausschließlich der Innenkreis - der Außenkreis hört zu und kommentiert nicht.
2. Alle Teilnehmenden lassen sich gegenseitig aussprechen.
3. Wer aus dem Außenkreis einen Beitrag macht, nutzt den freien Stuhl - und verlässt ihn wieder, sobald der eigene Beitrag beendet ist.
4. Optional (Verschärfung): Jeder Beitrag muss sich unmittelbar auf den vorhergehenden beziehen - um die Gesprächstiefe zu fördern und eine zielgerichtete Entwicklung sicherzustellen.
5. Die Supervisor:in achtet auf die Einhaltung der Struktur und unterstützt bei Bedarf durch Klärungen oder sanfte Impulse.

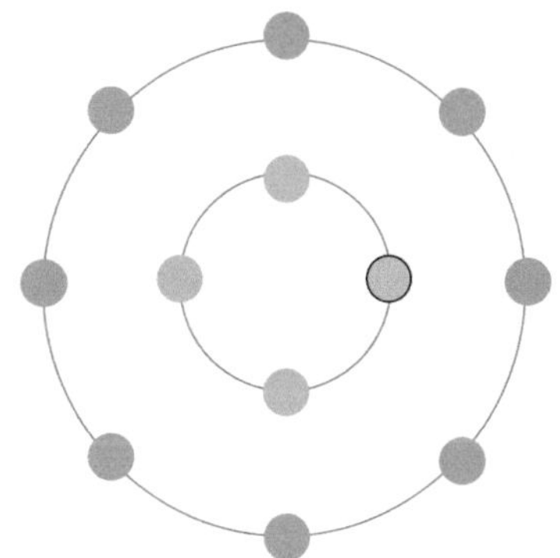 

Ballonfahrt

Systemische Standortbestimmung mit Hilfe einer Metapher

Die Methode "Ballonfahrt" nutzt das Bild einer gemeinsamen oder individuellen Reise im Heißluftballon als Reflexionsrahmen. Sie eignet sich hervorragend dazu, Klient:innen oder Supervisand:innen dabei zu unterstützen, eine aktuelle Situation, ein Ziel oder eine Veränderung umfassend zu beleuchten. Die einzelnen Elemente des Ballons - von der Ballonhülle bis zum Brenner - stehen symbolisch für relevante Aspekte wie Motivation, Hindernisse, Rahmenbedingungen oder persönliche Werte. Durch die Arbeit mit der Metapher wird ein emotionaler Zugang eröffnet, der sowohl analytische als auch intuitive Erkenntnisse ermöglicht.

Ziele der Methode:

- Orientierung und Standortbestimmung
- Visualisierung innerer und äußerer Einflussfaktoren
- Aktivierung von Ressourcen
- Klärung von Zielen, Motivation und Handlungsspielräumen
- Förderung von Selbstreflexion und Perspektivwechsel

Vorteile der Methode:

- Anschauliche Metapher, die komplexe Themen greifbar macht
- Aktiviert sowohl kognitive als auch emotionale Reflexion
- Fördert Selbstverantwortung und lösungsorientiertes Denken
- Unterstützt Perspektivwechsel und Klarheit in Entscheidungsprozessen
- Flexibel einsetzbar - im Einzel- und Gruppensetting, einmalig oder über mehrere Einheiten
- Hohe Anschlussfähigkeit an systemisches Arbeiten und kreative Methoden

Hinweise für Supervisor:innen:

- Die Methode eignet sich besonders in Situationen des Umbruchs, der Neuausrichtung oder bei Entscheidungskonflikten.
- Du kannst wahlweise mit einer bildlichen Vorlage arbeiten oder die Bestandteile nacheinander in das Gespräch einbringen.
- Achte auf die Reihenfolge: Es kann hilfreich sein, mit Ziel und Rahmenbedingungen zu beginnen.
- Bei Gruppensettings kann jede:r "seinen/ihren" Ballon visualisieren oder es wird ein gemeinsamer Team-Ballon entwickelt.
- Plane ausreichend Zeit für Reflexion und ggf. emotionale Themen ein.

Setting und Ablauf: Die Methode kann im Einzel-, Paar- oder Gruppensetting angewendet werden - in Supervision, Coaching oder Beratung. Sie lässt sich gut visuell begleiten, etwa mit einem gezeichneten Ballon (auf Flipchart oder Arbeitsblatt). Die Felder können schrittweise oder flexibel bearbeitet werden, je nach Anliegen und verfügbarer Zeit. Für eine vertiefte Bearbeitung einzelner Aspekte kann die Methode auch auf mehrere Sitzungen verteilt werden.

Vorgehensweise:

1. Einstieg - Ziel und Reisevorbereitung

- Wohin soll die Reise gehen? (Zielklärung)
- Wer soll mich/uns begleiten?
- Was brauche ich, um die Fahrt zu starten?

Hinweise zur Moderation: Starte mit einer offenen Frage zur Zielklärung. Nutze ggf. Karten oder Symbole zur Visualisierung. Halte inne, wenn emotionale Themen auftauchen.

2. Umwelt und Wetter - Rahmenbedingungen und Einflüsse

- Welche äußeren Bedingungen herrschen vor?
- Was davon ist veränderbar, was nicht?
- Wie kann ich mit schwierigen Bedingungen gut umgehen?

Hinweise zur Moderation: Ermögliche eine klare Unterscheidung zwischen beeinflussbaren und gegebenen Faktoren. Ermutige zur Suche nach Spielräumen.

3. Sicherungsseil - Blockaden und Startbereitschaft

- Was hält mich (noch) am Boden?
- Bin ich bereit, das Seil zu lösen?
- Was bräuchte es dafür?

Hinweise zur Moderation: Achte auf Ambivalenzen. Frage nach realen und inneren "Sicherungsseilen".

4. Korb - Werte, Struktur und Stabilität

- Was trägt mich? Worauf kann ich bauen?
- Welche Prinzipien und Werte sind meine Grundlage?
- Wie stabil ist mein Fundament?

Hinweise zur Moderation: Hier kann auch mit Symbolen, Gegenständen oder Zeichnungen gearbeitet werden. Ermögliche eine bewusste Wertreflexion.

5. Ballastsäcke - Belastungen und hinderliche Faktoren

- Welche Belastungen ziehen mich nach unten?
- Was davon kann/muss ich loslassen?
- Gibt es Ballast, der (noch) nützlich ist?

Hinweise zur Moderation: Ermutige zu konkreter Benennung. Priorisierung kann helfen (z. B. leicht/mittel/schwerer Ballast).

6. Ballonhülle - Sicherheit und Grenzen

- Was schützt mich? Wo bin ich dünnhautiger?
- Wo sind meine Grenzen oder Sollbruchstellen?
- Was hilft mir, Druck zu regulieren?

Hinweise zur Moderation: Thematisiere auch Selbstschutzstrategien und Fragen des Vertrauens.

7. Tragseile - Halt und Akzeptanz

- Was gibt mir Halt? Was kann ich akzeptieren?
- Was habe ich gelernt, auszuhalten?
- Welche Rolle spielen andere Menschen dabei?

Hinweise zur Moderation: Beziehe soziale Netzwerke und Bewältigungsstrategien ein.

8. Brenner - Motivation und Antrieb

- Wofür brenne ich? Was gibt mir Energie?
- Was motiviert mich, was hindert mich?
- Was lohnt sich wirklich?

162

Die Ballonfahrt-Methode bietet einen strukturierten, zugleich kreativen und emotional ansprechenden Rahmen, um komplexe Situationen zu erfassen und neue Perspektiven zu gewinnen. Durch die Arbeit mit der Metapher werden sowohl kognitive als auch emotionale Prozesse angeregt. Die Methode fördert Klarheit, Selbstverantwortung und Orientierung - eine wirkungsvolle Unterstützung für Einzelpersonen, Paare und Teams in Supervision und Beratung.

Ressourcenbaum

Stärken sichtbar machen mit einer lebendigen Metapher

Der Ressourcenbaum ist eine kraftvolle Methode, um die individuellen Stärken, Kompetenzen und Potenziale von Klient:innen oder Supervisand:innen sichtbar zu machen. Die Bestandteile des Baums dienen als anschauliche Metapher für verschiedene Lebensaspekte - von Herkunft und Fundament bis hin zu Erfolgen und Zukunftsvisionen. Die Methode fördert Selbstreflexion, Selbstwert und Handlungsmotivation. Sie kann sowohl ressourcenorientiert in der Beratung als auch prozessorientiert in der Supervision eingesetzt werden.

Ziele der Methode:

- Wahrnehmung und Aktivierung individueller Ressourcen
- Förderung von Selbstvertrauen und innerer Stabilität
- Reflexion über Vergangenheit, Gegenwart und Zukunft
- Orientierung an Stärken und Entwicklungsmöglichkeiten
- Visuelle, emotionale und kognitive Integration

Vorteile der Methode:

- Stärkenorientierter Zugang zu Biografie und Persönlichkeit
- Leicht verständlich und kreativ gestaltbar
- Hohe emotionale Anschlussfähigkeit
- Flexibel einsetzbar - von kurzer Selbstklärung bis zur tiefgehenden Prozessbegleitung
- Nachhaltige Wirkung durch visuelle Anker

Hinweise für Supervisor:innen:

- Nutze die Methode zur Ressourcenaktivierung vor herausfordernden Themen.
- Der Baum kann wahlweise frei gezeichnet oder mit vorbereiteten Materialien gestaltet werden.

- In Gruppen kann jede:r den eigenen Baum gestalten oder ein ge-
  meinsamer Ressourcenbaum des Teams entwickelt werden.
- Die Metapher erlaubt eine Verbindung von Rationalität und Gefühl
  - achte auf beides.
- Halte ausreichend Zeit für emotionale Reaktionen oder spontane
  Erkenntnisse bereit.

Setting und Ablauf: Die Methode eignet sich für Einzel-, Paar- und Gruppensettings. Besonders wirksam ist sie in kreativen Formaten: Der Baum kann gezeichnet, mit Symbolen beklebt oder als Arbeitsblatt genutzt werden. Die Fragen werden gemeinsam Schritt für Schritt besprochen. Es empfiehlt sich, Antworten auf Karten oder Zettel zu notieren und sie im Baum an passender Stelle zu platzieren. So entsteht ein ganzheitliches, visuelles Bild der eigenen Ressourcenlandschaft.

Vorgehensweise:

1. Boden/Erde - Herkunft und Umfeld

- Woher komme ich?
- Wie ist mein Umfeld beschaffen?
- Was nährt und versorgt mich?
- Was kann ich selbst zu einem fruchtbaren Boden beitragen?

2. Wurzeln - Kraftquellen und Energie

- Was stärkt und trägt mich?
- Welche inneren oder äußeren Kraftquellen habe ich?
- Wie tief bin ich verwurzelt?
- Welche Wurzeln sind besonders stark - und warum?

3. Stamm - Wachstum und Stabilität

- Was habe ich bisher erreicht?
- Welche Herausforderungen habe ich bewältigt?
- Was gibt mir heute Stabilität?
- Wie robust bin ich?
- Worin möchte ich weiter wachsen?

4. Tiere - Beziehungen und Wechselwirkungen

- Wer begleitet mich auf meinem Weg?
- Wer schützt mich, wem gebe ich Schutz?
- Was nagt an mir?
- Wie gehe ich mit belastenden Einflüssen um?

5. Äste - Kompetenzen und Potenziale

- Welche Fähigkeiten und Stärken habe ich bereits entwickelt?
- Welche möchte ich noch entfalten?
- Wieviel Raum gestehe ich mir selbst zu?

* Wie ist mein Entwicklungsspielraum?

6. Blätter - Ausdruck und Veränderung

* Worauf bin ich stolz?
* In welchen Farben zeige ich mich?
* Wie gehe ich mit Veränderung um?
* Was macht mich lebendig?

7. Früchte - Erfolge und Sinn

* Welche Früchte habe ich bisher geerntet?
* Welche Erfolge sind mir wichtig?
* Was wünsche ich mir für die Zukunft?
* Was gehört nur mir - und was teile ich gerne?

8. Sonne und Wolken - Ziele und Motivation

* Was sind meine Ziele und Visionen?
* Was motiviert mich?
* Wie halte ich meine Energie auch bei Gegenwind?
* Wieviel Glück kann ich zulassen?

Der Ressourcenbaum macht sichtbar, was Menschen stärkt, trägt und wachsen lässt. Er schafft ein ganzheitliches Bild der persönlichen Ressourcen und bietet zugleich Raum für Entwicklung, Vision und Stolz. Die Methode verbindet Leichtigkeit mit Tiefe und ist damit ein wertvolles Werkzeug für Beratung, Coaching und Supervision.

Steuerrad des Lebens

Überblick gewinnen und Handlungsspielräume entdecken

Das Steuerrad des Lebens ist ein wirkungsvolles Reflexionstool zur Bestandsaufnahme zentraler Lebensbereiche. Es unterstützt Klient:innen oder Supervisand:innen dabei, sich über ihre aktuelle Situation bewusst zu werden, vorhandene Ressourcen zu identifizieren und Entwicklungsfelder sichtbar zu machen. Durch die visuelle und symbolische Arbeit entsteht ein ganzheitlicher Blick, der insbesondere bei diffuser Unzufriedenheit oder Orientierungslosigkeit hilfreich sein kann.

Ziele der Methode:

- Erkennen von Ressourcen und Engpässen
- Klärung aktueller Lebenszufriedenheit in verschiedenen Bereichen
- Visualisierung individueller Schwerpunkte
- Entwicklung konkreter Veränderungsimpulse
- Förderung von Selbstverantwortung und Motivation

Vorteile der Methode:

- Anschauliche Darstellung komplexer Lebenszusammenhänge
- Kombination von kognitiver Reflexion und emotionalem Zugang
- Unterstützt Selbstklärung, Struktur und Entscheidungsfindung
- Einsetzbar in Einzel- und Paarkontexten, auch zur Burnout-Prophylaxe
- Geringer Materialaufwand, große Wirkung

Hinweise für Supervisor:innen:

- Das Steuerrad eignet sich besonders zu Beginn eines Prozesses oder zur Standortbestimmung zwischendurch.
- Es kann als Gesprächseinstieg genutzt oder in eine tiefergehende Analyse überführt werden.

- Achte auf emotionale Reaktionen bei sensiblen Bereichen wie Beziehung oder Gesundheit.
- Nutze Visualisierungshilfen wie Seile, Karten, Symbole oder digitale Tools.
- Bei Gruppen: Jede:r gestaltet sein/ihr eigenes Rad, oder es wird ein gemeinsames Teamrad entwickelt.

Setting und Ablauf: Die Methode eignet sich besonders für den Einstieg in Beratungs-, Coaching- oder Supervisionsprozesse. Sie kann im Einzel-, Paar- oder Gruppensetting angewendet werden. Grundlage ist ein kreisförmiges Steuerrad mit verschiedenen Lebensbereichen (Sektoren), in dem die Ausprägung der Zufriedenheit visuell skaliert werden kann. Die Skalierung reicht dabei von der Mitte (wenig erfüllt) bis zum äußeren Rand (stark erfüllt). Zur Verdeutlichung können Figuren, Steine oder andere Symbole verwendet werden.

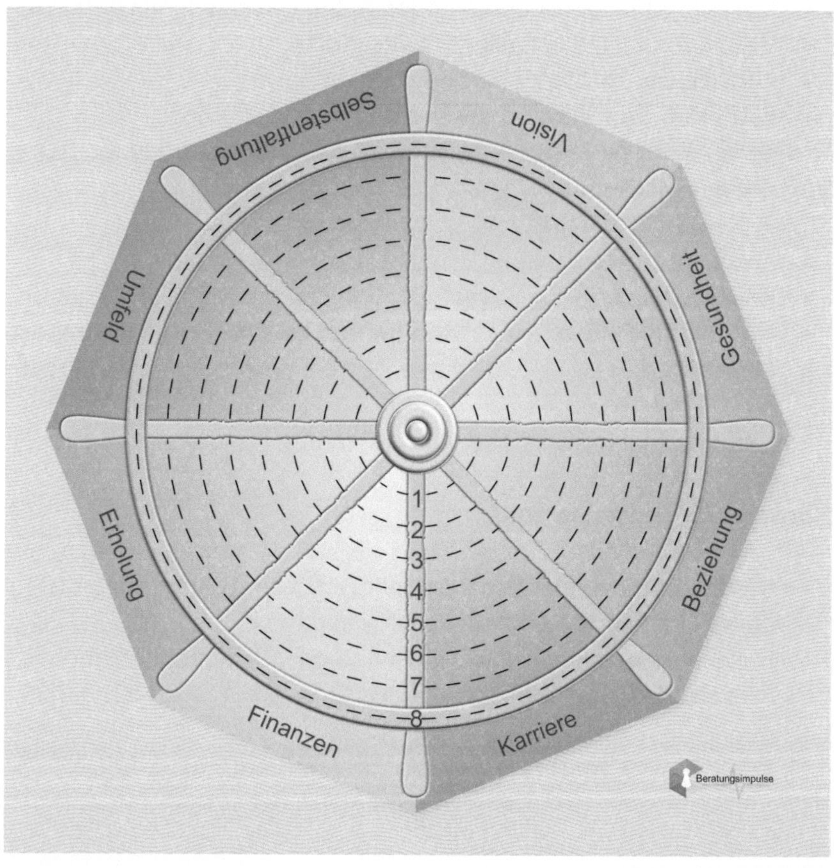

Lebensbereiche im Steuerrad:

1. Vision
2. Gesundheit
3. Beziehung
4. Karriere
5. Finanzen
6. Erholung
7. Umfeld
8. Selbstentfaltung

Vorgehensweise:

1. Einführung und Zielklärung

- Stelle das Steuerrad als Orientierungshilfe für eine persönliche Standortbestimmung vor.
- Kläre, ob es um eine Momentaufnahme, eine Veränderungsplanung oder eine Paardynamik geht.

2. Individuelle Einschätzung

- Bitte die Klient:in, sich mit jedem Lebensbereich intensiv zu beschäftigen.
- Stelle vertiefende Fragen:
- Wie zufrieden sind Sie aktuell in diesem Bereich?
- Welche Ressourcen stehen Ihnen hier zur Verfügung?
- Was fehlt Ihnen?
- Was wünschen Sie sich?
- Positioniere zur Visualisierung einen Gegenstand oder eine Figur entsprechend der empfundenen Ausprägung - je näher zur Mitte, desto enger bzw. weniger zufriedenstellend; je weiter außen, desto freier bzw. erfüllter.

3. Gesamtbild betrachten

- Welche Bereiche sind besonders stark ausgeprägt? Wo sind Engpässe sichtbar?
- Welche Wechselwirkungen bestehen zwischen den Sektoren?
- Wo ist Handlungsbedarf erkennbar?

4. Ressourcen aktivieren und Prioritäten setzen

- In welchen Bereichen können Sie Energie tanken?
- Was können Sie aus den stärkeren Bereichen in schwächere übertragen?
- Wo wäre eine kleine Veränderung mit großer Wirkung möglich?

5. Übertrag ins Paarsetting (optional)

- Jede:r Partner:in erhält eigene Figuren oder Farben.
- Die Unterschiede in der Wahrnehmung werden sichtbar und können besprochen werden.
- Fragen wie „Was überrascht Sie an der Einschätzung Ihres Gegenübers?" oder „Wo entstehen Unterschiede im Erleben?" fördern Verständnis und Dialog.

Das Steuerrad des Lebens bietet eine kraftvolle Möglichkeit, sich selbst ganzheitlich zu betrachten. Es macht sichtbar, wo Zufriedenheit herrscht, wo Entwicklung möglich ist - und wo erste kleine Schritte zu mehr Balance führen können. Die Methode eignet sich besonders für den Einstieg in Prozesse und öffnet den Raum für echte Veränderung auf Augenhöhe.

Szenische Supervision

Situationen aufstellen, klären und neu gestalten

Die szenische Supervision ermöglicht es Klient:innen, eine verdichtete Situation aus verschiedenen Perspektiven zu ergründen. Die Methode bietet einen geschützten Raum zur Darstellung von Beziehungskonstellationen, inneren Haltungen und äußeren Rahmenbedingungen. Durch die szenische Darstellung und systematische Reflexion der Situation wird sichtbar, welche bewussten und unbewussten Dynamiken eine Rolle spielen - und wie sich zukünftiges Handeln verändern lässt. Die szenische Supervision eignet sich besonders gut zur Klärung komplexer Beziehungssituationen, zur Nachbearbeitung von Schlüsselszenen und zur Entwicklung neuer Handlungsoptionen.

Ziele der Methode:

- Klärung innerer und äußerer Dynamiken
- Bewusstmachung von Gefühlen, Rollen und Werten
- Entwicklung neuer Perspektiven und Handlungsimpulse
- Aktivierung von Ressourcen und Selbstwirksamkeit
- Integration kognitiver, emotionaler und körperlicher Ebenen

Vorteile der Methode:

- Hohe Anschaulichkeit und emotionale Tiefe
- Eröffnung neuer Perspektiven durch szenisches Arbeiten
- Verbindung von Körper, Emotion und Kognition
- Stärkung der Selbstwirksamkeit und Reflexionsfähigkeit

Hinweise für Supervisor:innen:

- Achte auf ausreichend Zeit und ein sicheres Setting für emotionale Prozesse.
- Die Methode eignet sich besonders für Situationen mit Beziehungsdynamiken, Unklarheiten oder inneren Konflikten.

- Nutze Nachfragen, um tieferliegende Muster, Ambivalenzen und Werte herauszuarbeiten.
- Eine Re-Inszenierung kann helfen, Ressourcen zu aktivieren und neue Optionen zu entwickeln.

Setting und Ablauf: Die Methode eignet sich besonders für das Einzelsetting in Beratung, Coaching oder Supervision. Grundlage ist die Einladung, eine konkrete, prägende oder belastende Situation szenisch darzustellen. Mit einfachen Mitteln wie Figuren, Steinen oder Symbolen wird eine kleine Bühne aufgebaut. Die Klient:in platziert sich selbst und weitere beteiligte Personen oder Elemente auf der Bühne und reflektiert die Szene in mehreren Dimensionen. Ziel ist es, das Erlebte bewusst zu machen, neu zu bewerten und bei Bedarf eine Re-Inszenierung vorzunehmen.

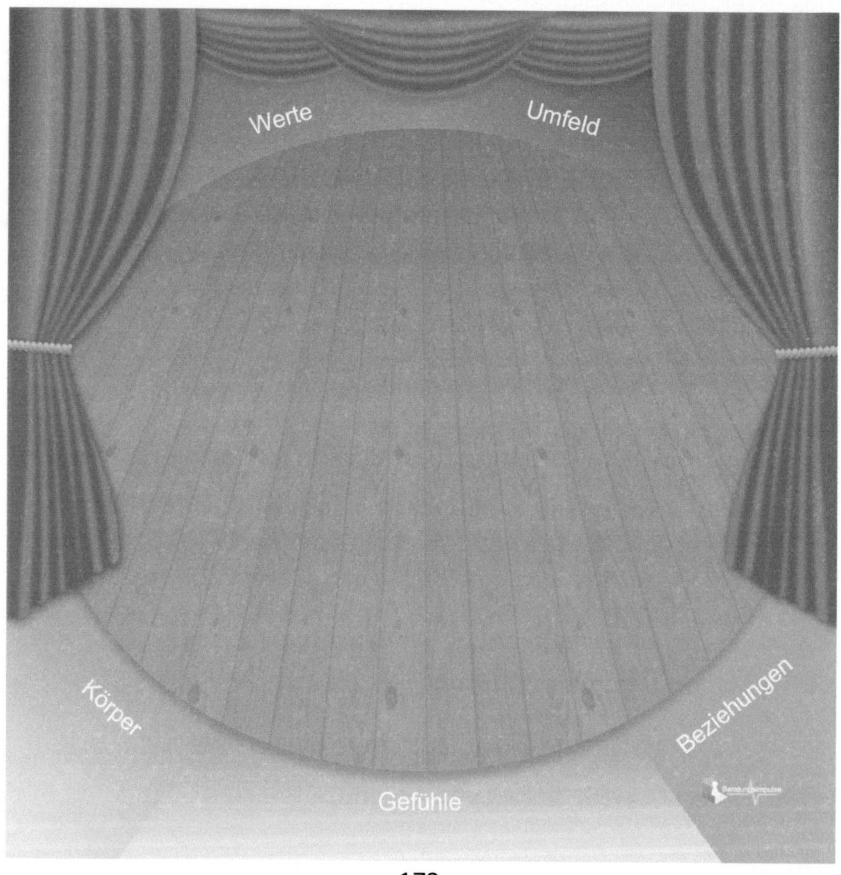

Vorgehensweise:

1. Einstieg - Erzählen und Aufbau der Szene

- Bitte die Klient:in, eine prägnante Situation frei zu erzählen, über die sie mehr Klarheit gewinnen möchte.
- Stelle die Methode der szenischen Supervision vor und lade ein, die Szene aufzustellen.
- Die Klient:in beginnt mit der Platzierung ihrer eigenen Figur und fügt dann weitere Beteiligte hinzu.
- Nimm dir ausreichend Zeit für die Platzierung und Einfühlung in die Szene.

2. Erkundung der Szene - Reflexion in mehreren Dimensionen

Körper:

- Was haben Sie damals körperlich wahrgenommen?
- Wie hat sich Ihre Stimme angehört? Wieviel Raum hatten Sie für sich?
- Wie war das bei den anderen Beteiligten?
- Angenommen, Sie könnten die Szene heute neu gestalten: Wie würde sie aussehen?
- Welche Veränderung würden Sie im Körper spüren?

Gefühle:

- Wie haben Sie sich damals gefühlt?
- Welche Emotionen konnten Sie bei anderen wahrnehmen?
- Welche (innere) Einstellung hat Ihnen geholfen?
- Was würden Sie emotional ändern, wenn Sie die Szene heute gestalten dürften?
- Was bräuchten Sie, um sich jetzt besser fühlen zu dürfen?

Beziehungen:

- Wie würden Sie die Beziehungen in dieser Szene beschreiben?
- Wer hatte welche Rolle? Waren Sie eher aktiv oder passiv?
- Was hat gut funktioniert, was weniger?
- Wie würden Sie die Beziehung künftig anders gestalten?

Umfeld:

- Welche äußeren Faktoren wirkten auf die Situation ein?
- Was lag in Ihrer Kontrolle, was nicht?
- Was ist Ihnen trotz widriger Bedingungen gelungen?

Werte:

- Was war Ihnen in dieser Situation besonders wichtig?
- Welche Werte wurden gewahrt oder verletzt - und wodurch?
- Was lernen Sie daraus für zukünftige Situationen?

Hinter der Bühne:

- Was spielte sich im Hintergrund ab?
- Wer schrieb das "Skript" dieser Szene?
- Wie können Sie künftig mitgestalten, was auf Ihrer Lebensbühne gezeigt wird?

3. Perspektivenwechsel und Neuinszenierung (optional)

- Bitte die Klient:in, die Szene aus der Sicht einer anderen beteiligten Person zu betrachten.
- Welche neuen Erkenntnisse entstehen durch diesen Perspektivwechsel?
- Was wird dadurch verständlicher oder veränderbar?
- Wie könnte die Szene heute aussehen, wenn Sie sich selbst stärken und schützen dürften?

Die szenische Supervision bietet einen wirkungsvollen Zugang zur Bearbeitung komplexer Situationen. Sie eröffnet einen geschützten Raum, in dem Klient:innen sich und andere besser verstehen und neue Handlungsmöglichkeiten entwickeln können. Die Kombination aus Visualisierung, Reflexion und Re-Inszenierung macht diese Methode besonders nachhaltig - eine ideale Ergänzung im Repertoire von Beratung, Coaching und Supervision.

Gruppendynamische Prozesse in der Supervision

Supervision mit Gruppen oder Teams ist immer mehr als nur die Bearbeitung fachlicher Inhalte oder das Lösen organisatorischer Probleme. Gruppen sind lebendige, soziale Systeme mit eigener Dynamik. Sie verändern sich, entwickeln sich weiter - manchmal in konstruktiver, manchmal in destruktiver Weise. Wer Supervision für Gruppen anbietet, sollte daher mit gruppendynamischen Prozessen vertraut sein, um aktuelle Entwicklungen einordnen, unterstützen und gezielt begleiten zu können.

Die Kenntnis gruppendynamischer Grundlagen hilft Supervisor:innen, nicht nur Symptome zu behandeln, sondern tiefer zu verstehen, wie Verhalten entsteht, wie Rollen sich entwickeln, welche unausgesprochenen Regeln wirken - und wie sich das Potenzial einer Gruppe entfalten lässt. In diesem Kapitel werden drei zentrale Modelle vorgestellt, die sich in der supervisionsbezogenen Arbeit mit Gruppen besonders bewährt haben:

a. Die Phasen der Teamentwicklung nach Bruce Tuckman
b. Die Teamrollen nach Meredith Belbin
c. Das Werte- und Entwicklungsmodell nach Clare W. Graves

Diese Modelle bieten unterschiedliche, sich ergänzende Perspektiven auf Gruppenprozesse und eröffnen vielfältige Möglichkeiten zur Reflexion, Analyse und methodischen Gestaltung von Supervision.

Im Folgenden fasse ich die drei Modelle kurz zusammen, bevor wir sie uns im Anschluss im Detail erarbeiten.

a. Die Phasen der Teamentwicklung nach Tuckman

Bruce Tuckman entwickelte in den 1960er Jahren ein Modell, das bis heute eines der bekanntesten und praxisrelevantesten Modelle zur Teamentwicklung ist. Er beschrieb typische Entwicklungsphasen, die Teams durchlaufen - unabhängig davon, ob sie bewusst gesteuert werden oder nicht. In späteren Erweiterungen wurden zwei weitere Phasen hinzugefügt.

Die fünf Phasen im Überblick:

1. Forming - Die Orientierungsphase

In dieser Phase steht das Kennenlernen im Vordergrund. Die Gruppenmitglieder sind höflich, zurückhaltend und unsicher über Rollen, Erwartungen und Regeln. Es herrscht eine Mischung aus Neugier und vorsichtiger Distanz. Konflikte werden (noch) vermieden. Die Gruppe orientiert sich stark an der Leitung oder an dominanten Persönlichkeiten.

Relevanz für Supervision:
In dieser Phase kann Supervision unterstützend wirken, indem sie Sicherheit gibt, Rollen klärt und einen Rahmen schafft, in dem Beziehung aufgebaut werden kann. Transparenz und Struktur sind besonders wichtig.

2. Storming - Die Konfrontationsphase
Nun treten unterschiedliche Interessen, Bedürfnisse und Persönlichkeiten zutage. Konflikte, Machtfragen und Konkurrenzverhalten werden sichtbar. Es geht um die Aushandlung von Einfluss, Zugehörigkeit und Eigenständigkeit. Diese Phase ist emotional oft anstrengend, aber notwendig für die Entwicklung der Gruppe.

Relevanz für Supervision:
Supervisor:innen sollten Spannungen nicht vermeiden, sondern Raum für offene Auseinandersetzung bieten. Gleichzeitig braucht es

methodische Klarheit und ein Bewusstsein für Gruppendynamik, um Eskalation zu verhindern und konstruktive Verarbeitung zu ermöglichen.

3. Norming - Die Regelungsphase

Die Gruppe beginnt, gemeinsame Regeln, Werte und Abläufe zu etablieren. Vertrauen wächst, Rollen werden klarer und die Kommunikation verbessert sich. Die Gruppe entwickelt ein „Wir-Gefühl" und konstruktive Zusammenarbeit wird möglich.

Relevanz für Supervision:
Supervision kann hier gezielt an der Weiterentwicklung von Rollen, Kommunikation und Arbeitskultur mitwirken. Reflexion über Gruppennormen und implizite Regeln wird möglich und fördert die Teamreife.

4. Performing - Die Arbeitsphase

Die Gruppe ist leistungsfähig, kooperativ und flexibel. Es herrscht Vertrauen, Zielorientierung und gegenseitige Unterstützung. Unterschiedliche Meinungen werden produktiv genutzt. Die Gruppe kann sich selbst organisieren und Feedback integrieren.

Relevanz für Supervision:
In dieser Phase kann Supervision als Ressource für vertiefte Reflexion, Qualitätsentwicklung und Innovation dienen. Konflikte sind meist lösungsorientiert bearbeitbar, Rollenveränderungen werden souverän verhandelt.

5. Adjourning - Die Auflösungsphase

Wird ein Team aufgelöst, ein Projekt beendet oder eine Umstrukturierung eingeleitet, folgt diese letzte Phase. Gefühle von Abschied, Unsicherheit oder Stolz können auftauchen. Die Gruppe reflektiert das Erreichte und verabschiedet sich voneinander.

Relevanz für Supervision:
Supervision kann helfen, Abschiedsprozesse bewusst zu gestalten, Anerkennung sichtbar zu machen und offene Themen abzuschließen. Ein würdiger Abschluss unterstützt auch die Übergänge zu neuen Aufgaben.

b. Teamrollen nach Meredith Belbin

Meredith Belbin untersuchte über Jahre hinweg, wie Teams erfolgreich zusammenarbeiten - und stellte fest: Es kommt nicht allein auf Fachwissen an, sondern auf die Vielfalt an Persönlichkeitsmerkmalen und Rollen innerhalb eines Teams.

Sein Modell unterscheidet **neun verschiedene Teamrollen**, die nicht als feste Charaktere, sondern als funktionale Beiträge zu verstehen sind. Jede Person kann mehrere Rollen einnehmen - je nach Situation und Kontext.

Die neun Belbin-Rollen im Überblick:

1. **Koordinator:in**

Übernimmt gern Führungsverantwortung, delegiert, moderiert Prozesse und hält das Team auf Kurs.

2. **Macher:in**

Treibt das Team energisch voran, will Ergebnisse sehen und scheut keine Auseinandersetzung.

3. **Umsetzer:in**

Setzt Pläne zuverlässig in konkrete Handlungen um, strukturiert und organisiert Arbeitsprozesse.

4. **Perfektionist:in**

Achtet auf Details, prüft Ergebnisse sorgfältig und sichert die Qualität der Arbeit.

5. **Beobachter:in**

Analysiert, denkt kritisch und trifft durchdachte Entscheidungen. Schätzt Objektivität und Rationalität.

6. **Teamarbeiter:in**

Fördert den Zusammenhalt, vermittelt bei Konflikten, achtet auf das Gruppengefüge.

7. **Weichensteller:in**

Netzwerker:in, ideenreich, offen für neue Impulse - bringt externe Ressourcen ein.

8. **Wegbereiter:in**

Kreativ, unkonventionell, visionär - bringt neue Denkweisen und Lösungen ein.

9. **Spezialist:in**

Bringt tiefes Fachwissen ein, arbeitet oft unabhängig, ist kompetent in spezifischen Bereichen.

Belbin in der Supervision

Belbins Modell eignet sich hervorragend, um gruppendynamische Spannungen, Rollenkonflikte oder unausgesprochene Erwartungen sichtbar zu machen. Supervision kann helfen, folgende Fragen zu bearbeiten:

- Welche Rollen sind im Team stark vertreten - welche fehlen oder werden unterdrückt?
- Wer nimmt welche Rolle ein - freiwillig oder aus Erwartungsdruck?
- Wie wirken sich Rollenverteilungen auf die Kommunikation und Zusammenarbeit aus?
- Wie kann das Team seine Rollendynamik bewusst gestalten?

Eine wertschätzende Betrachtung der Vielfalt im Team ermöglicht ein tieferes Verständnis von Kooperation und Konflikten - jenseits von Persönlichkeitszuschreibungen.

c. Graves-Levels - Werteentwicklung und Bewusstsein in Teams

Das von **Clare W. Graves** entwickelte Modell beschreibt die Entwicklung menschlicher Werte- und Denkstrukturen in einem stufenweise fortschreitenden System. Es wurde später von Don Beck und Christopher Cowan im Konzept **„Spiral Dynamics"** weiterentwickelt.

Im Zentrum steht die Erkenntnis, dass Menschen und Gruppen auf unterschiedlichen Ebenen denken, handeln und entscheiden - abhängig von Kontext, Erfahrung und Entwicklung. Diese Ebenen („Levels") bauen nicht linear aufeinander auf, sondern koexistieren und können sich gegenseitig beeinflussen.

Überblick über die Graves-Levels (Kurzform):

1. **Beige - Überleben**
   Instinktgetrieben, Überlebenssicherung, keine Teamstruktur
2. **Purpur - Zugehörigkeit**
   Clangefühl, Rituale, Sicherheit durch Gemeinschaft
3. **Rot - Macht und Durchsetzung**
   Stärke, Dominanz, Hierarchie, autoritäre Führung
4. **Blau - Ordnung und Struktur**
   Regeln, Disziplin, Pflichterfüllung, klare Rollen
5. **Orange - Erfolg und Leistung**
   Zielorientierung, Wettbewerb, Eigenverantwortung, Karriere
6. **Grün - Gemeinschaft und Gleichwertigkeit**
   Konsens, Empathie, Beziehung, Kooperation
7. **Gelb - Systemische Selbstorganisation**
   Flexibilität, Eigensteuerung, Komplexitätsbewusstsein
8. **Türkis - Ganzheit und Verbundenheit**
   Holistisches Denken, Integration von Vielfalt, globale Verantwortung

Anwendung in der Supervision:

Das Graves-Modell hilft, Teamverhalten und Kommunikationsmuster tiefer zu verstehen - etwa:

- Warum „funktionieren" manche Teams unter bestimmten Bedingungen besser als unter anderen?
- Welche Werte stehen hinter bestimmten Konflikten?
- Auf welcher Ebene agiert das Team gerade - und was braucht es, um die nächste Entwicklungsstufe zu erreichen?
- Wo entstehen Reibungen zwischen unterschiedlichen Werthaltungen (z. B. zwischen Blau und Grün, zwischen Orange und Gelb)?

Supervisor:innen, die mit dem Graves-Modell arbeiten, können Teams dabei unterstützen, ihre impliziten Werte und Denkmodelle zu reflektieren - ohne sie zu bewerten. Dies ermöglicht wertschätzende Kommunikation auf Augenhöhe, auch bei innerer Vielfalt.

Gruppen sind komplexe soziale Systeme. Wer sie in Supervision begleitet, braucht mehr als Methodenwissen - es braucht ein tiefes Verständnis für gruppendynamische Prozesse, für Rollenverhalten, Entwicklungsphasen und Wertehaltungen. Die hier vorgestellten Modelle bieten eine fundierte Grundlage, um Gruppen in ihrer Vielfalt zu erfassen, Entwicklung zu fördern und Reflexion zu ermöglichen. Sie helfen, nicht nur Symptome zu sehen, sondern Strukturen zu verstehen - und Supervision wirksam zu gestalten.

Phasen der Teamentwicklung nach Tuckman

Ein Modell zur Reflexion von Gruppenprozessen
in der Supervision

Gruppenprozesse verlaufen selten linear. Vielmehr durchlaufen Teams im Laufe ihrer Zusammenarbeit bestimmte, typische Entwicklungsphasen, die mit spezifischen Herausforderungen, Dynamiken und Chancen verbunden sind. Das Modell von Bruce Tuckman bietet einen hilfreichen Orientierungsrahmen für die Supervision, um diese Phasen bewusst zu machen, zu reflektieren und konstruktiv zu begleiten.

Tuckman identifizierte ursprünglich vier aufeinanderfolgende Phasen, die später durch eine fünfte ergänzt wurden:

1. Forming (Orientierung)
2. Storming (Konflikt)
3. Norming (Strukturbildung)
4. Performing (Leistung)
5. Adjourning (Abschluss)

Jede dieser Phasen ist durch bestimmte gruppendynamische Merkmale gekennzeichnet und stellt spezifische Anforderungen an Leitung, Kommunikation und Zusammenarbeit. In der Supervision bietet sich die Möglichkeit, diese Phasen als Reflexionsrahmen zu nutzen, um aktuelle Herausforderungen zu verstehen und gezielte Unterstützung zu leisten.

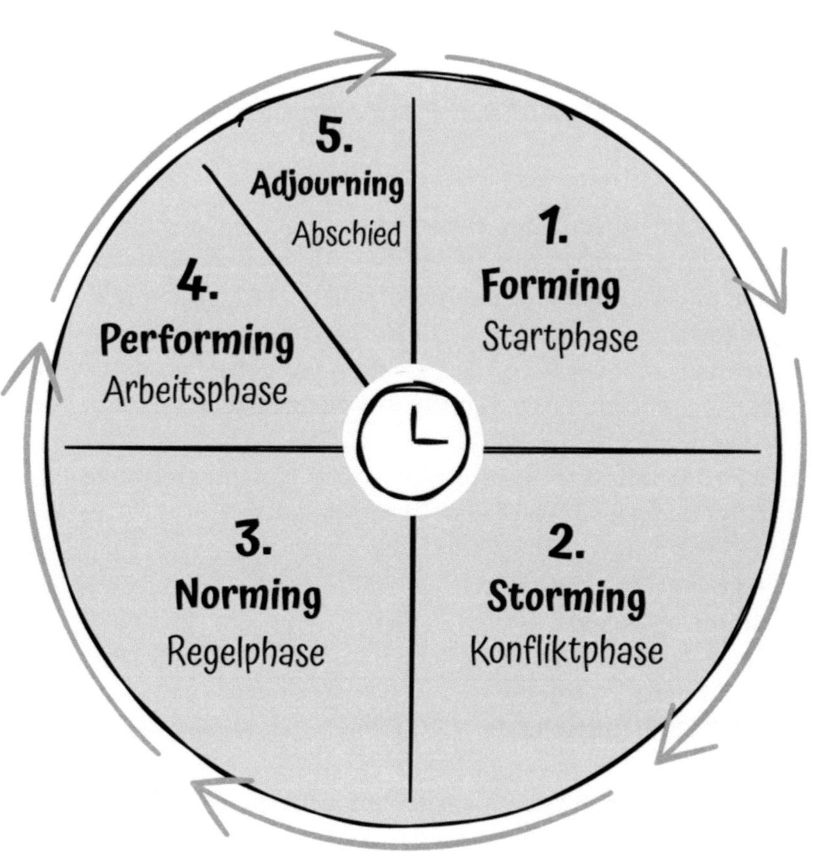

5.
Adjourning
Abschied
1.
Forming
Startphase
4.
Performing
Arbeitsphase
3.
Norming
Regelphase
2.
Storming
Konfliktphase

Phase 1: Forming - Orientierung und Kennenlernen

Charakteristika: Die Forming-Phase ist geprägt von vorsichtigem Annähern, Unsicherheit und dem Bedürfnis nach Orientierung. Die Teammitglieder befinden sich am Anfang ihrer Zusammenarbeit, entweder weil ein neues Team gebildet wird oder weil eine bestehende Gruppe mit neuen Aufgaben, Rollen oder Zusammensetzungen konfrontiert ist.

In dieser Phase dominieren Fragen nach Zugehörigkeit und Sicherheit: Wer sind die anderen? Wie ticken sie? Was wird von mir erwartet? Es herrscht eine abwartende Grundhaltung, in der jede:r versucht, die unausgesprochenen Regeln der Gruppe zu erfassen. Oft zeigen sich die Teammitglieder angepasst, freundlich, hilfsbereit und bemüht, Konflikte zu vermeiden.

Die Kommunikation ist eher formell, Smalltalk und indirekte Hinweise ersetzen klare Positionierungen. Hierarchie und Führung werden in besonderem Maße wahrgenommen, da Orientierung vor allem über äußere Strukturen gesucht wird. Gleichzeitig bestehen Unsicherheiten darüber, wie offen man sprechen darf, welche Themen "erlaubt" sind und wie das Klima im Team wirklich ist. Viele Entscheidungen werden vertagt oder vorsichtig abgestimmt.

Die Atmosphäre in der Forming-Phase kann sowohl erwartungsvoll und optimistisch als auch vorsichtig und angespannt sein. Es besteht ein hohes Bedürfnis nach Sicherheit, Struktur und Führung. Eine gelingende Gestaltung dieser Phase legt den Grundstein für Vertrauen, Offenheit und langfristige Zusammenarbeit.

Typische Themen:

- Wer gehört zur Gruppe? Wer hat welche Funktion?
- Welche Aufgaben und Ziele sind zu klären?
- Wie ist der Umgangston? Welche Regeln gelten?
- Wer führt? Wer folgt?

Typische Verhaltensweisen:

- Zurückhaltung, Höflichkeit, Unsicherheit
- Bedürfnis nach Struktur und Klarheit
- Suche nach Orientierung an Leitung oder starken Persönlichkeiten
- Wunsch nach Sicherheit und Zugehörigkeit

Supervision in der Forming-Phase kann unterstützen durch:

- Klärung von Rollen, Erwartungen und Verantwortlichkeiten
- Schaffung eines sicheren Rahmens für Fragen und Unsicherheiten
- Unterstützung bei der Entwicklung gemeinsamer Ziele und Spielregeln
- Moderation von Vorstellungen zur Zusammenarbeit

Reflexionsfragen für Teams:

- Was braucht jede:r, um sich sicher und willkommen zu fühlen?
- Welche Erwartungen haben wir aneinander und an das Team?
- Welche Aufgaben, Rollen und Ziele sind noch unklar?
- Was kann uns helfen, ein gutes Fundament für die Zusammenarbeit zu legen?

Phase 2: Storming - Auseinandersetzung und Rollenfindung

Charakteristika: Nach der anfänglichen Orientierung kommt es in der Storming-Phase vermehrt zu Auseinandersetzungen und offenen Spannungen. Die zuvor höflich zurückgehaltenen Unterschiede in Meinungen, Erwartungen, Arbeitsstilen und persönlichen Bedürfnissen treten nun klarer zutage. Die Teammitglieder beginnen, ihre individuellen Positionen und Sichtweisen stärker zu vertreten, wodurch Reibungen entstehen. Machtfragen werden virulent: Wer hat Einfluss? Wer entscheidet? Wer setzt sich durch?

Diese Phase ist geprägt von Rollenkonflikten, Konkurrenz, Frustration und Missverständnissen. Oft geht es um verdeckte Bedürfnisse nach Anerkennung, Einfluss oder Autonomie, die nun verhandelt werden. Es kann zu Polarisierungen kommen, zu einer Lagerbildung oder zur Ablehnung von Autoritäten. Gleichzeitig ist diese Phase eine notwendige Voraussetzung für echte Teambildung: Erst wenn Differenzen sichtbar und verhandelbar werden, kann daraus eine stabile Zusammenarbeit entstehen.

Die Kommunikation in der Storming-Phase ist häufig angespannt oder konflikthaft. Es kommt zu verbalen Konfrontationen oder zu Rückzug und Schweigen. Emotionale Reaktionen wie Ärger, Enttäuschung oder Misstrauen sind häufig. Führungspersonen sind in dieser Phase besonders gefordert, da ihre Autorität in Frage gestellt wird oder sie zum Projektionsfeld für Unzufriedenheit werden. Die Teammitglieder ringen um Zugehörigkeit, ohne sich selbst aufgeben zu wollen - ein Spannungsfeld, das viel Energie binden kann.

Trotz aller Herausforderungen birgt diese Phase große Entwicklungschancen: Wenn es gelingt, Konflikte produktiv zu bearbeiten, können daraus klare Rollen, tragfähige Beziehungen und gemeinsames Vertrauen entstehen. Die Storming-Phase ist somit kein Scheitern, sondern eine Phase des Wachstums durch Reibung.

Typische Themen:

- Wer bestimmt über was?
- Wie gehen wir mit Konflikten um?
- Wie viel Individualität ist möglich, wie viel Anpassung notwendig?
- Wer hat Einfluss, wer wird gehört?

Typische Verhaltensweisen:

- Konfrontationen, Unzufriedenheit, Kritik an Strukturen oder Leitung
- Bildung von Untergruppen oder Allianzen
- Infragestellung von Autoritäten
- Ringen um Einfluss und Anerkennung

Supervision in der Storming-Phase kann unterstützen durch:

- Begleitung von Konfliktklärungen und Machtfragen
- Ermöglichung von offenem Austausch über Unterschiede und Erwartungen
- Förderung konstruktiver Kommunikationsmuster
- Entwicklung von Transparenz und gegenseitigem Verständnis

Reflexionsfragen für Teams:

- Welche Spannungen sind spürbar, aber (noch) nicht ausgesprochen?
- Wie gehen wir mit Unterschieden und Meinungsvielfalt um?
- Welche Spielregeln brauchen wir für einen respektvollen Umgang?
- Was hilft uns, Kritik als Entwicklungschance zu nutzen?

Phase 3: Norming - Struktur und Zusammenhalt

Charakteristika: In der Norming-Phase erreicht das Team eine stabile, tragfähige Struktur. Nach der oft spannungsreichen Storming-Phase entsteht nun ein stärkeres Bewusstsein für gemeinsame Ziele, Werte und Normen. Rollen und Aufgaben werden klarer verteilt, Zuständigkeiten akzeptiert und respektiert. Die Mitglieder haben sich weitgehend aufeinander eingestellt, die Kommunikations- und Kooperationsmuster werden verlässlicher.

Es bildet sich eine Teamidentität heraus: Das Gefühl, gemeinsam an einem Strang zu ziehen, wird spürbar. Es entsteht Vertrauen in die Kompetenzen der anderen, gegenseitige Unterstützung wird selbstverständlicher. Die Gruppe entwickelt eigene Umgangsformen, Rituale und Routinen, die zur Stabilisierung der Zusammenarbeit beitragen. Konflikte treten zwar weiterhin auf, werden aber konstruktiver und sachlicher bearbeitet als zuvor.

Die Norming-Phase ist oft von einer ausgeglichenen Mischung aus Struktur und Flexibilität geprägt. Während zuvor über Rollen, Macht und Einfluss gestritten wurde, herrscht nun ein Klima von Anerkennung und Kooperation. Die Fähigkeit zur Selbstorganisation steigt, gemeinsame Entscheidungen werden auf Basis gewachsener Beziehung und Vertrauen getroffen.

Gleichzeitig besteht die Gefahr, dass ein allzu starkes Harmoniestreben oder eine unreflektierte Anpassung zu Stagnation führen kann. Die Gruppe kann sich auf ihren Mustern ausruhen, statt neue Impulse aufzunehmen. Hier ist es wichtig, die Balance zwischen Stabilität und Weiterentwicklung im Blick zu behalten.

Typische Themen:

- Welche Routinen funktionieren gut?
- Welche informellen und formellen Regeln tragen unsere Zusammenarbeit?

- Wie gehen wir mit Fehlern und Feedback um?
- Wie gestalten wir unsere Teamkultur?

Typische Verhaltensweisen:

- Gegenseitige Unterstützung und wachsende Kooperation
- Entwicklung einer gemeinsamen Sprache
- Vertrauen in Rollenverteilungen und Verantwortlichkeiten
- Offenheit für gegenseitiges Feedback

Supervision in der Norming-Phase kann unterstützen durch:

- Reflexion über entstandene Teamkultur und Spielregeln
- Unterstützung bei Teamentwicklung und Rollenbewusstheit
- Förderung von Lernprozessen und Feedbackkultur
- Sensibilisierung für Gruppennormen (inkl. informeller)

Reflexionsfragen für Teams:

- Welche unserer Regeln sind hilfreich, welche überholt?
- Wie würden wir unsere Teamkultur beschreiben?
- Was stärkt unser Vertrauen und unsere Zusammenarbeit?
- Wie können wir unsere Stärken weiterentwickeln?

Phase 4: Performing - Reife und Leistungsfähigkeit

Charakteristika: In der Performing-Phase erreicht das Team ein hohes Maß an Reife, Stabilität und Leistungsfähigkeit. Die Mitglieder haben ein starkes Vertrauensverhältnis zueinander aufgebaut, kennen ihre Rollen, Stärken und Schwächen und wissen, wie sie als Team am effektivsten zusammenarbeiten. Entscheidungen werden eigenverantwortlich und konsensorientiert getroffen, Konflikte offen und lösungsorientiert behandelt. Die Kommunikation ist klar, respektvoll und direkt, was die Effizienz weiter erhöht.

Diese Phase ist gekennzeichnet durch eine starke Zielorientierung bei gleichzeitiger Beziehungsqualität. Es herrscht ein Gleichgewicht zwischen sachlicher Aufgabenbewältigung und emotionalem Zusammenhalt. Unterschiedliche Perspektiven und Arbeitsstile werden nicht nur akzeptiert, sondern als wertvolle Ressource genutzt. Kreativität, Innovation und kontinuierliches Lernen sind Teil der Teamkultur. Das Team zeigt eine hohe Selbststeuerung und reagiert flexibel auf Veränderungen von außen.

Führung wird in dieser Phase oft geteilt oder dynamisch gehandhabt. Die Leitungsperson tritt mehr in die Rolle der Impulsgeber:in, Coach oder Moderator:in. Verantwortung ist breit verteilt, Entscheidungen werden gemeinsam getragen, und jedes Teammitglied bringt sich aktiv ein. Die Motivation kommt überwiegend von innen (intrinsisch), was die Resilienz des Teams stärkt.

Trotz der Reife birgt auch diese Phase Herausforderungen: Hohe Leistungsfähigkeit kann zu Überforderung führen, blinde Flecken werden übersehen, weil vieles reibungslos läuft, und äußere Veränderungen können die Balance stören. Deshalb ist es wichtig, auch in dieser Phase regelmäßige Reflexionsräume zu schaffen und sich nicht auf Erfolgen auszuruhen.

Typische Themen:

- Wie erhalten wir unsere Leistungsfähigkeit?
- Wie gehen wir mit Komplexität und Wandel um?
- Wie sichern wir Innovation und Weiterentwicklung?

Typische Verhaltensweisen:

- Hohe Eigenverantwortung und Selbstorganisation
- Konstruktiver Umgang mit Herausforderungen
- Klare Rollenverteilung bei hoher Flexibilität
- Integration von Reflexion und kontinuierlicher Verbesserung

Supervision in der Performing-Phase kann unterstützen durch:

- Reflexion der Erfolgsfaktoren des Teams
- Impulse für Weiterentwicklung, Innovation, Rollenflexibilität
- Begleitung bei Umgang mit neuen Herausforderungen
- Prävention gegen Überforderung, blinde Flecken oder Abgrenzungsverlust

Reflexionsfragen für Teams:

- Was macht uns als Team besonders wirksam?
- Wie gehen wir mit Routinen um, die unsere Entwicklung hemmen?
- Wie gelingt uns Innovation bei gleichzeitiger Stabilität?
- Welche Lernschritte wollen wir als Team gehen?

Phase 5: Adjourning - Abschied und Neubeginn

Charakteristika: Die Adjourning-Phase (auch "Mourning-Phase" genannt) kennzeichnet das bewusste Ende einer Teamzusammenarbeit, sei es durch Projektabschluss, Teamauflösung oder den Weggang einzelner Mitglieder. In dieser Phase treten emotionale Prozesse verstärkt in den Vordergrund: Abschied, Loslassen, Trauer, aber auch Stolz, Dankbarkeit und das Bedürfnis nach Würdigung prägen die Dynamik. Es ist eine Zeit des Rückblicks, der Reflexion und der Neubewertung des gemeinsam Erlebten.

Häufig zeigen sich sehr unterschiedliche Reaktionen: Einige erleben Erleichterung und Vorfreude auf neue Aufgaben, andere empfinden den Abschied als Verlust oder Bruch. Es besteht das Bedürfnis nach Anerkennung für das Geleistete und danach, die Beziehungen nicht abrupt zu beenden, sondern bewusst zu gestalten. Auch Unsicherheiten bezüglich der Zukunft, Ängste vor neuen Rollen oder dem Verlust vertrauter Strukturen sind typisch.

In der Kommunikation treten vermehrt Rückblicke, Danksagungen und Anekdoten auf. Gleichzeitig kann es auch zu Rückzugsverhalten oder emotionalen Spannungen kommen, insbesondere wenn Abschied nicht ausreichend thematisiert oder gewürdigt wird. Die Gefahr besteht, dass offene Konflikte oder Verletzungen aus vorherigen Phasen ungelöst bleiben. Supervision kann in dieser Phase besonders wertvoll sein, um das Erlebte zu integrieren, Beziehungen achtsam zu beenden und den Übergang in neue Kontexte zu begleiten. Die Adjourning-Phase bietet die Chance, mit einem Gefühl von Vollendung und innerer Klarheit neue Schritte zu gehen.

Typische Themen:

- Was nehmen wir aus der gemeinsamen Zeit mit?
- Wie gestalten wir den Abschied?
- Wie bereiten wir neue Konstellationen oder Projekte vor?

Typische Verhaltensweisen:

- Sentimentale oder reflektierende Stimmung
- Unsicherheit oder Trauer über Auflösung
- Wünsche nach Anerkennung oder Abschlussritualen

Supervision in der Adjourning-Phase kann unterstützen durch:

- Gestaltung von Rückblick und Würdigung
- Raum für Abschied und emotionale Themen
- Reflexion über Entwicklung und Lernen
- Begleitung beim Übergang in neue Rollen oder Kontexte

Reflexionsfragen für Teams:

- Was war das Wertvollste in unserer Zusammenarbeit?
- Was wollen wir bewusst abschließen - was weitertragen?
- Welche Rituale oder Formen des Abschieds tun uns gut?
- Was nehmen wir als Erfahrung in künftige Teams mit?

Das Tuckman-Modell bietet einen klaren Rahmen, um die Entwicklung eines Teams zu verstehen, zu begleiten und gezielt zu unterstützen. In der Supervision hilft es, aktuelle Herausforderungen in einen größeren Zusammenhang zu stellen und Entwicklungsimpulse zu setzen, die sowohl die Teamleistung als auch das Miteinander stärken. Wichtig ist dabei, dass Teams nicht alle Phasen linear durchlaufen müssen - auch Rückschläge oder Wiederholungen sind möglich. Entscheidend ist, dass die Dynamik bewusst wahrgenommen und reflektiert wird. So entsteht Raum für Wachstum, Reife und vertrauensvolle Zusammenarbeit.

Die Teamrollen nach Meredith Belbin

Ein Modell zur Differenzierung von Teamkompetenzen

Das Modell der Teamrollen nach Dr. Meredith Belbin bietet eine wertvolle Grundlage für die Reflexion von Rollenverteilung, Kooperation und individueller Beiträge im Team. Im Gegensatz zu klassischen Funktionsrollen (z. B. Leitung, Assistenz, Fachkraft) fokussiert Belbin auf Verhaltensrollen, also darauf, wie Menschen sich in Teams verhalten, kommunizieren, Entscheidungen treffen und Aufgaben anpacken.

Belbin identifizierte insgesamt neun Teamrollen, die er in drei Hauptkategorien gliederte:

- Handlungsorientierte Rollen
- Kommunikationsorientierte Rollen
- Wissensorientierte Rollen

Jede Rolle bringt spezifische Stärken, aber auch potenzielle Schwächen mit sich. Teams arbeiten dann besonders effektiv, wenn sie eine ausgewogene Mischung dieser Rollen abbilden und bewusst damit umgehen. In der Supervision kann das Modell genutzt werden, um unausgesprochene Erwartungen, Rollenkonflikte oder Ressourcen im Team sichtbar zu machen.

Im Folgenden werden alle neun Rollen detailliert dargestellt:

- mit ihren typischen Verhaltensmerkmalen
- ihren Stärken und Beiträgen zum Teamerfolg
- möglichen Übertreibungen oder Schattenseiten
- Impulsen für die Supervision
- sowie Reflexionsfragen für Teams

1. Der/die Umsetzer:in

Typische Merkmale: Die Umsetzer:in verkörpert eine Persönlichkeit, die Ordnung, Systematik und Verlässlichkeit ins Team bringt. Ihr Denken und Handeln ist stark auf praktische Umsetzung, Zielerreichung und Realisierbarkeit ausgerichtet. Sie fühlt sich wohl in klaren Strukturen, orientiert sich an Plänen und setzt Prioritäten so, dass Projekte effizient voranschreiten. Die Umsetzer:in verfügt über ein hohes Maß an Disziplin, Sorgfalt und Verantwortungsbewusstsein. Sie denkt nicht nur in Konzepten, sondern überträgt Ideen und Visionen in konkrete, durchführbare Schritte. Dabei zeichnet sie sich durch eine ausgeprägte Planungskompetenz aus und hat stets die notwendigen Ressourcen, Abläufe und Zeitvorgaben im Blick.

In stressigen oder chaotischen Situationen bewahrt sie Ruhe und schafft Orientierung durch Verlässlichkeit. Ihre Arbeitsweise ist geprägt von einem hohen Maß an Pragmatismus: Sie strebt danach, Lösungen zu finden, die funktionieren - und nicht nur gut aussehen. Dabei hält sie sich gerne an bewährte Vorgehensweisen, was ihr Sicherheit gibt, kann aber mitunter auch zu einer gewissen Skepsis gegenüber neuen, unkonventionellen Ansätzen führen.

Ihre Loyalität gegenüber dem Team und der Aufgabe ist bemerkenswert - sie fühlt sich verantwortlich für die Fertigstellung von Projekten und gibt nicht leichtfertig auf. Oft ist sie es, die die "unsichtbare" Arbeit übernimmt, die notwendig ist, damit der Laden läuft - mit einem stillen, aber tragenden Beitrag zur Teamstabilität.

Stärken und Beiträge:

- Sorgt für Struktur, Kontinuität und Arbeitsdisziplin
- Führt Konzepte in die Praxis über
- Hält Deadlines, Abläufe und Ressourcen im Blick
- Ist loyal, belastbar und gut organisiert
- Mögliche Schwächen oder Übertreibungen:

- Kann gegenüber neuen Ideen oder unkonventionellen Ansätzen skeptisch sein
- Neigt zu Überreglementierung oder Starrheit
- Riskiert, kreative Prozesse zu früh zu strukturieren oder abzubrechen

Impuls für die Supervision: In der Supervision kann die Rolle der Umsetzer:in genutzt werden, um die Balance zwischen Struktur und Innovation zu reflektieren. Es lohnt sich zu hinterfragen, ob die Ordnung noch hilfreich ist oder zur Blockade wird. Ebenso können Teams überprüfen, ob die Umsetzer:in ausreichend Würdigung für ihre unspektakuläre, aber tragende Rolle erfährt.

Reflexionsfragen für Teams:

- Welche Strukturen im Team tragen zu unserer Effizienz bei?
- Wo könnten wir flexibler sein?
- Wie wird die Umsetzungsarbeit im Team gewürdigt?
- Wer achtet darauf, dass Ideen auch wirklich realisiert werden?

2. Der/die Macher:in

Typische Merkmale: Die Macher:in ist die treibende Kraft im Team, voller Energie, Entschlossenheit und einem unbedingten Willen, Ergebnisse zu erzielen. Sie bringt Bewegung In Prozesse, gibt sich selten mit dem Status quo zufrieden und sucht aktiv nach Wegen, wie das Team schneller, klarer und wirkungsvoller vorankommen kann. Charakteristisch für diese Rolle ist eine hohe innere Anspannung gepaart mit dem Drang, Dinge zu gestalten, Hürden zu überwinden und ambitionierte Ziele zu erreichen.

Die Macher:in denkt lösungsorientiert und lässt sich von Rückschlägen kaum entmutigen. Im Gegenteil: Herausforderungen betrachtet sie als Gelegenheit zur Bewährung. Ihre Impulse sind oft direkt, ihre Sprache klar und unmissverständlich. Sie stellt unangenehme Fragen, provoziert Denkprozesse und fordert das Team heraus, die eigene Komfortzone zu verlassen. Diese Person duldet keine Lethargie oder Ausreden - sie will vorankommen und setzt sich vehement dafür ein.

In Gruppenprozessen bringt sie häufig den notwendigen Druck, damit Entscheidungen getroffen und Aufgaben nicht aufgeschoben werden. Sie ist in der Lage, Spannungen auszuhalten und nutzt Konflikte nicht destruktiv, sondern als Chance zur Klärung. Dabei verfügt sie über ein gutes Gespür für Dynamiken, verliert sich jedoch manchmal in ihrem eigenen Leistungsanspruch.

Die Macher:in ist selten ein "leiser Geist" - sie ist sichtbar, hörbar und manchmal unbequem. Doch gerade darin liegt ihr Wert: Sie bringt Mut, Richtung und Entschlossenheit in Teams, die Gefahr laufen, sich in Diskussionen zu verlieren oder wichtige Schritte aufzuschieben.

Stärken und Beiträge:

- Sorgt für Tempo, Zielorientierung und Bewegung
- Ist durchsetzungsfähig, entscheidungsfreudig und direkt
- Erkennt Schwachstellen und benennt Probleme offen
- Mögliche Schwächen oder Übertreibungen:
- Kann dominant, ungeduldig oder überfordernd wirken
- Neigt zu Konflikten, wenn andere nicht mitziehen
- Ist mitunter zu stark auf Leistung und Ergebnisse fixiert

Impuls für die Supervision: Supervision kann helfen, die Energie der Macher:in konstruktiv zu nutzen und sie zu ermutigen, auch auf die Dynamiken und Bedürfnisse anderer zu achten. Es gilt, das Potenzial zur Klarheit und Fokussierung zu nutzen, ohne Empathie und Teamgeist zu vernachlässigen.

Reflexionsfragen für Teams:

- Wer bringt bei uns Dinge in Bewegung?
- Wo fehlt es an Dynamik oder Zielklarheit?
- Wie gehen wir mit Spannungen um, die durch Druck entstehen?

- Was brauchen wir, um uns gegenseitig herauszufordern und gleichzeitig zu unterstützen?

3. Der/die Perfektionist:in

Typische Merkmale: Die Perfektionist:in ist die Hüterin der Qualität im Team. Ihre Arbeitsweise ist geprägt von höchster Genauigkeit, einem scharfen Blick für Details und dem inneren Anspruch, nichts dem Zufall zu überlassen. Sie erkennt Ungenauigkeiten, Fehler oder Unstimmigkeiten oft, bevor andere sie überhaupt wahrnehmen, und sorgt mit ihrer Sorgfalt dafür, dass Ergebnisse nicht nur gut, sondern ausgezeichnet sind.

Diese Rolle ist von einem tief verwurzelten Pflichtgefühl und einer hohen Selbstverantwortung getragen. Die Perfektionist:in fühlt sich nur dann wohl, wenn sie die Dinge unter Kontrolle hat - nicht aus einem Bedürfnis nach Macht, sondern aus dem Wunsch, Fehler zu vermeiden und Standards zu sichern. Sie ist gewissenhaft bis ins Letzte, überprüft Abläufe, kontrolliert Formulierungen, prüft die Einhaltung von Terminen und bringt eine fast schon akribische Ordnung in komplexe Aufgabenstellungen.

Ihr innerer Antrieb ist nicht das Streben nach Anerkennung, sondern die Überzeugung, dass gute Arbeit exakte, vollständige und belastbare Ergebnisse erfordert. Sie ist ausdauernd, diszipliniert und zuverlässig - verlässt ein Projekt oft erst dann, wenn es „wirklich fertig" ist. Dabei scheut sie sich nicht vor Mehrarbeit, übernimmt Verantwortung für die letzte Feinschliff-Phase und sichert die Einhaltung von Fristen.

Gleichzeitig kann dieser hohe Anspruch zu innerem Druck, Überarbeitung oder einer gewissen Kontrollneigung führen. Die Perfektionist:in hat manchmal Schwierigkeiten, Aufgaben abzugeben, anderen zu vertrauen oder mit dem „Unfertigen" umzugehen. Dennoch ist sie unverzichtbar für Teams, die Wert auf Nachhaltigkeit, Qualität und Professionalität legen.

Stärken und Beiträge:

- Achtet auf Details und Fehlerquellen
- Sichert Qualität und Termintreue
- Arbeitet gewissenhaft, ausdauernd und mit hohem Anspruch
- Beugt Nachlässigkeit oder Schlampigkeit vor
- Mögliche Schwächen oder Übertreibungen:
- Kann überkritisch oder pedantisch wirken
- Neigt zu Überkontrolle oder Perfektionismus
- Hat Schwierigkeiten, Aufgaben loszulassen oder zu delegieren

Impuls für die Supervision: In der Supervision kann es hilfreich sein, den inneren Anspruch der Perfektionist:in zu thematisieren. Es geht darum, zwischen hilfreichem Qualitätsbewusstsein und blockierendem Perfektionismus zu unterscheiden. Zudem kann der Umgang mit Fehlern, Vertrauen und die Balance von Kontrolle und Loslassen reflektiert werden.

Reflexionsfragen für Teams:

- Wer achtet in unserem Team besonders auf Qualität?
- Wie gehen wir mit Fehlern oder Ungenauigkeit um?
- Wann wird Genauigkeit zur Belastung?
- Wie können wir hohe Standards wahren und trotzdem flexibel bleiben?

4. Der/die Koordinator:in

Typische Merkmale: Die Koordinator:in bringt Ordnung ins Miteinander. Sie zeichnet sich durch Führungsstärke im besten Sinn aus - nicht durch Lautstärke oder Dominanz, sondern durch Ruhe, Übersicht und die Fähigkeit, Menschen zusammenzubringen. Ihr Denken ist strukturiert, lösungsorientiert und stets auf das Gemeinsame ausgerichtet. Sie erkennt, wer im Team welche Stärken und Potenziale mitbringt, und setzt diese gezielt ein.

Koordinator:innen denken in Rollen, Verantwortlichkeiten und Prozessen. Sie sorgen dafür, dass alle Beteiligten wissen, was von ihnen erwartet wird und wohin die gemeinsame Reise geht. Sie haben ein natürliches Gespür für Gerechtigkeit, Verhältnismäßigkeit und klare Kommunikation. Ihre Stärke liegt darin, Entscheidungen zu moderieren und für einen strukturierten Ablauf zu sorgen, ohne dabei über die Köpfe anderer hinwegzugehen.

Diese Rolle bringt ein hohes Maß an emotionaler Stabilität und Weitblick mit. Koordinator:innen handeln selten impulsiv, sondern wägen sorgfältig ab, beziehen verschiedene Sichtweisen ein und streben nach Ausgleich. Sie nehmen Verantwortung an, ohne sich selbst in den Mittelpunkt zu stellen, und wirken häufig wie ein ruhendes Zentrum im Team. Dabei treten sie souverän auf und geben Orientierung, ohne dirigistisch zu sein. Manchmal besteht jedoch die Gefahr, dass sie sich zu stark mit der Führungsrolle identifizieren oder das Bedürfnis entwickeln, alles kontrollieren zu wollen. Auch kann es vorkommen, dass sie Entscheidungen zu sehr delegieren oder Konflikte vermeiden, um Harmonie zu wahren. Dennoch sind sie häufig der entscheidende Stabilitätsfaktor, der ein Team befähigt, zielgerichtet, strukturiert und in gegenseitigem Respekt zusammenzuarbeiten.

Stärken und Beiträge:

- Sorgt für Ausgleich und Orientierung
- Delegiert Aufgaben nach Kompetenz und Potenzial
- Motiviert Teammitglieder zur Zusammenarbeit
- Hat einen integrativen, vermittelnden Kommunikationsstil
- Mögliche Schwächen oder Übertreibungen:
- Kann als kontrollierend oder bevormundend wahrgenommen werden
- Neigt dazu, sich zu sehr auf Planung zu konzentrieren, ohne selbst anzupacken
- Risiko der Überverantwortung oder Überidentifikation mit der Führungsrolle

Impuls für die Supervision: Die Rolle der Koordinator:in bietet in der Supervision Anlass zur Reflexion von Führungsrollen, Delegationsverhalten und der Balance zwischen Leitung und Mitgestaltung. Es lohnt sich zu prüfen, wie Entscheidungen getroffen werden, ob sich alle Beteiligten einbezogen fühlen und wie die Verantwortung verteilt ist.

Reflexionsfragen für Teams:

- Wer sorgt in unserem Team für Orientierung und Koordination?
- Wie gut gelingt es uns, Aufgaben gerecht zu verteilen?
- Gibt es unausgesprochene Erwartungen an "Führung"?
- Wie erleben wir Entscheidungsprozesse - als gemeinsam getragen oder von Einzelnen bestimmt?

5. Der/die Teamarbeiter:in

Typische Merkmale: Die Teamarbeiter:in ist das soziale Bindeglied im Team - jemand, der nicht unbedingt im Rampenlicht steht, aber eine tragende Rolle für das emotionale Klima und den Zusammenhalt spielt. Ihre Stärke liegt in ihrer hohen sozialen Sensibilität, der Fähigkeit, feine Zwischentöne wahrzunehmen und auf unausgesprochene Signale zu reagieren. Sie ist aufmerksam gegenüber den Bedürfnissen anderer, erkennt Spannungen frühzeitig und sorgt dafür, dass sich alle eingebunden und wertgeschätzt fühlen.

Diese Rolle bringt viel Empathie, Taktgefühl und Kooperationsbereitschaft mit sich. Die Teamarbeiter:in ist keine Person, die sich in den Vordergrund drängt - sie hört zu, vermittelt, unterstützt und hält das Team „von innen" zusammen. Ihre Bereitschaft, auch unangenehme Aufgaben zu übernehmen oder anderen zu helfen, macht sie zu einer geschätzten Kolleg:in, die eher durch Präsenz als durch Worte wirkt.

Sie ist oft die Person, die merkt, wenn jemand überfordert ist, sich ausgeschlossen fühlt oder still leidet. Ihre Reaktion ist selten konfrontativ, sondern eher ausgleichend und deeskalierend. In Konfliktsituationen sucht sie nach vermittelnden Lösungen und bemüht sich, Brücken zu bauen.

Gleichzeitig besteht die Gefahr, dass sie eigene Bedürfnisse zurückstellt oder Schwierigkeiten hat, sich abzugrenzen. Aus dem Wunsch nach Harmonie kann eine gewisse Konfliktscheu entstehen - auch eine Tendenz, sich zu sehr über die Bedürfnisse anderer zu definieren. Doch gerade in angespannten oder fragmentierten Teams ist die Teamarbeiter:inunersetzlich: Sie sorgt für Beziehungspflege, emotionale Stabilität und gegenseitige Unterstützung - alles Faktoren, die für nachhaltige Zusammenarbeit essenziell sind.

Stärken und Beiträge:

- Fördert Zusammenhalt, Vertrauen und Kooperation
- Vermittelt bei Spannungen und Konflikten
- Stärkt die emotionale Resilienz des Teams
- Erkennt unausgesprochene Bedürfnisse

Mögliche Schwächen oder Übertreibungen:

- Kann konfrontative Gespräche vermeiden
- Neigt zu Selbstzurücknahme und Unentschiedenheit
- Riskiert, sich über die Bedürfnisse anderer zu definieren

Impuls für die Supervision: Die Teamarbeiter:in verdient besondere Aufmerksamkeit in der Supervision, da ihr Beitrag oft unterschätzt oder übersehen wird. Es lohnt sich, ihre Rolle zu würdigen und gleichzeitig ihre Bedürfnisse und Belastungen sichtbar zu machen. Themen wie Grenzsetzung, Selbstführung und konstruktiver Umgang mit Konflikten sind dabei zentral.

Reflexionsfragen für Teams:

- Wer sorgt bei uns für das gute Miteinander?
- Wie gehen wir mit unausgesprochenen Spannungen um?

- Wird soziale Kompetenz im Team ausreichend wertgeschätzt?
- Wie gelingt es uns, auch unbequeme Dinge ansprechbar zu machen?

6. Der/die Wegbereiter:in

Typische Merkmale: Die Wegbereiter:in ist die offene Tür zur Außenwelt - neugierig, enthusiastisch und ständig auf der Suche nach neuen Möglichkeiten. Sie liebt es, sich inspirieren zu lassen, Kontakte zu knüpfen und frische Impulse ins Team zu bringen. Diese Rolle ist geprägt von einer hohen Kommunikationsfreude, einer natürlichen Offenheit für das Neue und einem unermüdlichen Interesse an Entwicklungen, Netzwerken und Potenzialen außerhalb des eigenen Tellerrands.

Wegbereiter:innen sind geborene Netzwerker:innen - sie wissen, wen man fragen kann, wo sich Chancen auftun und wie sich Türen öffnen lassen. Sie denken in Möglichkeiten und entdecken in scheinbar belanglosen Informationen oft neue Wege oder kreative Lösungsansätze. Ihr Denken ist dynamisch, weniger linear als assoziativ - sie verknüpfen Themen, bringen neue Perspektiven ein und beleben durch ihre Präsenz und Ideenlust das Team.

Dabei strahlen sie eine natürliche Leichtigkeit aus, die andere mitzieht. Ihre Begeisterung kann ansteckend wirken, ihre Ideen inspirierend. Sie geben Teams oft den entscheidenden Innovationsschub - sei es durch Anregungen von außen, neue Kontakte oder einfach durch ihre offene, zugewandte Art. Sie halten das Team lebendig und sorgen dafür, dass es nicht im eigenen Saft schmort.

Gleichzeitig bringt diese Rolle gewisse Risiken mit sich: Wegbereiter:innen verlieren mitunter schnell das Interesse, wenn ein Projekt an Fahrt verliert oder die Routine einkehrt. Sie neigen dazu, vieles gleichzeitig anzustoßen, aber nicht alles zu Ende zu führen. Ihr Fokus kann sprunghaft sein, ihre Begeisterung mitunter flüchtig. Deshalb ist es wichtig, dass ihre Impulse in stabile Strukturen eingebettet werden - damit aus Ideen auch tragfähige Projekte entstehen.

Stärken und Beiträge:

- Bringt neue Perspektiven und Informationen ins Team
- Knüpft Netzwerke und nutzt externe Ressourcen
- Sorgt für Leichtigkeit, Offenheit und Motivation

Mögliche Schwächen oder Übertreibungen:

- Kann sich schnell ablenken lassen oder den Fokus verlieren
- Beginnt viele Dinge, ohne sie zu Ende zu bringen
- Neigt zu Überschätzung eigener Ideen oder zu Aktionismus

Impuls für die Supervision: In der Supervision kann reflektiert werden, wie neue Impulse aufgenommen und verarbeitet werden. Es geht auch darum, zwischen kreativer Offenheit und Verzettelung zu unterscheiden. Die Integration von Innovation ins Alltagsgeschehen ist ein zentrales Thema.

Reflexionsfragen für Teams:

- Woher kommen neue Ideen in unserem Team?
- Wie nutzen wir externe Kontakte oder Netzwerke?
- Wann verlieren wir uns in Impulsen statt ins Tun zu kommen?
- Wie gelingt uns die Balance zwischen Inspiration und Umsetzung?

7. Der/die Neuerer:in

Typische Merkmale: Die Neuerer:in ist die kreative Denker:in im Team - eine Person, die quer denkt, bestehende Muster hinterfragt und originelle Ideen entwickelt, wo andere nur Probleme sehen. Ihr Denken ist visionär, oft unkonventionell und von einer inneren Unruhe getragen, die stets nach Verbesserung, Innovation oder neuen Wegen strebt. Sie liebt es, in Möglichkeiten zu denken statt in Begrenzungen und öffnet damit Türen, die andere noch nicht einmal wahrgenommen haben.

Neuerer:innen sind oft introvertierter als andere Teamrollen, benötigen Rückzugsräume, um in Ruhe Ideen zu entwickeln, und wirken manchmal gedanklich abwesend - nicht aus Desinteresse, sondern weil sie in komplexen Denkprozessen stecken. Sie bringen außergewöhnliche Perspektiven ein, kombinieren Dinge, die auf den ersten Blick nichts miteinander zu tun haben, und überraschen durch kreative Problemlösungen, die sich dem linearen Denken entziehen.

Ihr Beitrag entfaltet besondere Wirkung in Phasen, in denen das Team feststeckt, keine neuen Impulse mehr entstehen oder komplexe Herausforderungen kreative Antworten verlangen. Die Neuerer:in bringt Tiefe, Weitblick und die Fähigkeit, aus gewohnten Denkmustern auszubrechen. Sie ist weniger auf Machbarkeit oder Detailplanung fokussiert - dafür aber umso mehr auf Sinn, Originalität und langfristige Entwicklung.

Gleichzeitig besteht die Gefahr, dass sie sich in Ideen verliert, den Bezug zur Praxis aus den Augen verliert oder Schwierigkeiten hat, sich an gemeinsame Absprachen zu halten. Auch Kritik kann sie sensibel treffen, insbesondere wenn ihre Ideen vorschnell abgewertet werden. Damit ihr Potenzial voll wirksam werden kann, braucht sie ein Umfeld, das ihr geistige Freiheit gewährt - und gleichzeitig Menschen, die dabei helfen, ihre Impulse in konkrete Schritte zu übersetzen.

Stärken und Beiträge:

- Entwickelt originelle Ideen und Strategien
- Stellt gewohnte Denkmuster in Frage
- Bringt neue Impulse zur Problemlösung
- Inspiriert durch Fantasie und Innovationskraft

Mögliche Schwächen oder Übertreibungen:

- Kann sich in Ideen verlieren oder sich schlecht an Absprachen halten
- Neigt zu Unpraktikabilität oder mangelnder Anschlussfähigkeit
- Reagiert mitunter empfindlich auf Kritik

Impuls für die Supervision: Supervision kann helfen, kreative Potenziale gezielt in Teamprozesse einzubinden und Spannungen zwischen Innovation und Umsetzbarkeit zu klären. Es lohnt sich zu reflektieren, wie mit Ideenvielfalt umgegangen wird und ob genug Raum für "Andersdenken" vorhanden ist.

Reflexionsfragen für Teams:

- Wie gehen wir mit ungewöhnlichen Ideen um?
- Wer bringt neue Perspektiven ins Spiel?
- Wo begrenzen wir uns durch Gewohnheiten oder Regeln?
- Was brauchen wir, damit kreative Impulse gehört und weiterentwickelt werden?

8. Der/die Beobachter:in

Typische Merkmale: Die Beobachter:in bringt kühle Klarheit und analytische Distanz ins Team. Sie ist rational, sachorientiert und denkt systematisch. Ihre besondere Stärke liegt im reflektierten Abwägen, in der nüchternen Bewertung von Optionen und in der Fähigkeit, auch unter Druck besonnen und überlegt zu entscheiden. Sie lässt sich nicht von Euphorie oder Gruppendynamik mitreißen, sondern behält einen kritischen Blick - auch dort, wo andere sich bereits auf Lösungen festgelegt haben.

Diese Rolle nimmt eine prüfende und oft auch bremsende Funktion im Team ein - nicht aus Misstrauen, sondern aus dem tiefen Bedürfnis, Fehler zu vermeiden, Qualität zu sichern und langfristige Folgen mitzubedenken. Die Beobachter:in hört genau hin, stellt präzise Fragen, analysiert Sachverhalte auf Schwachstellen und lässt sich Zeit, bevor sie eine Position bezieht. Ihr Denken ist durchdacht, argumentativ fundiert und von hoher Objektivität geprägt.

In hitzigen Diskussionen wirkt sie häufig wie eine stabilisierende Instanz. Ihre zurückhaltende Art und ihre intellektuelle Klarheit machen sie zu einer verlässlichen Orientierungshilfe, gerade wenn emotionale Aufladung oder voreilige Schlussfolgerungen das Team zu überstürztem Handeln verleiten. Sie hilft dabei, Risiken realistisch einzuschätzen und verhindert vorschnelle Entscheidungen.

Allerdings kann sie mit ihrer Zurückhaltung auch als zögerlich, wenig inspirierend oder gar pessimistisch wahrgenommen werden. Ihre kritische Haltung birgt die Gefahr, kreative Prozesse zu bremsen oder Entscheidungen aufzuschieben. Dennoch ist ihr Beitrag essenziell, um die Balance zwischen Vision und Realismus zu wahren und aus wohlüberlegten Entscheidungen nachhaltige Erfolge zu machen.

Stärken und Beiträge:

- Analysiert präzise und kritisch
- Trifft fundierte, sachliche Entscheidungen
- Erkennt Schwachstellen in Konzepten und Strategien
- Vermeidet vorschnelle oder emotionale Urteile

Mögliche Schwächen oder Übertreibungen:

- Kann distanziert, zögerlich oder zu kritisch wirken
- Neigt zu Entscheidungsvermeidung oder Überanalysen
- Wirkt manchmal hemmend auf schnelle Prozesse oder dynamische Teams

Impuls für die Supervision: In der Supervision kann der Beitrag analytischer Klarheit gewürdigt und zugleich reflektiert werden, wie diese Rolle mit Emotionalität, Tempo oder gruppendynamischem Druck umgeht. Auch der Umgang mit Perfektionismus oder Entscheidungsschwierigkeiten kann Thema sein.

Reflexionsfragen für Teams:

Wer hilft uns, sachlich zu bleiben?

- Wie treffen wir Entscheidungen - spontan oder fundiert?

- Wie gehen wir mit Kritik um?
- Wann brauchen wir mehr Tempo - wann mehr Analyse?

9. Der/die Spezialist:in

Typische Merkmale: Die Spezialist:in ist die Expert:in im Team - jemand mit tiefgehendem Fachwissen, einer hohen Kompetenz in einem bestimmten Themenbereich und einem starken inneren Antrieb, dieses Wissen laufend zu vertiefen und weiterzugeben. Sie ist oft hoch identifiziert mit ihrer Expertise, verfolgt Entwicklungen auf ihrem Gebiet mit Leidenschaft und bringt fundierte Beiträge ein, die für die Qualität und Glaubwürdigkeit des Teams entscheidend sein können.

Spezialist:innen arbeiten oft sehr fokussiert und mit großem Ernst. Sie sind bestrebt, sich ständig weiterzubilden, neue Erkenntnisse zu integrieren und ihre Kompetenz auf dem neuesten Stand zu halten. Sie gelten als verlässlich, engagiert und gewissenhaft, vor allem wenn es um ihr Spezialgebiet geht. In Meetings äußern sie sich häufig dann, wenn fachliche Klarheit gefragt ist - oft ruhig, aber mit Präzision und Nachdruck.

Ihr innerer Motor ist nicht nur die Liebe zum Thema, sondern auch der Wunsch, durch fachliche Exzellenz zur Lösung von Problemen beizutragen. Sie sehen sich weniger als Generalist:innen oder Teamleader:innen, sondern eher als tragende Säulen in ihrem Fachfeld. Durch ihre Tiefe geben sie dem Team Substanz, Orientierung und professionelle Glaubwürdigkeit - besonders in komplexen, inhaltlich anspruchsvollen Projekten.

Gleichzeitig kann ihre enge Fokussierung dazu führen, dass sie andere Perspektiven weniger beachten oder teamdynamische Prozesse unterschätzen. Ihre intensive Auseinandersetzung mit einem Spezialthema kann dazu führen, dass sie sich vom Gesamtgeschehen abkoppeln oder Schwierigkeiten haben, ihr Wissen verständlich und anschlussfähig zu vermitteln. Um ihr Potenzial optimal zu entfalten, braucht es Räume für inhaltlichen Austausch - aber auch eine bewusste Integration ihrer Rolle in die Teamstruktur und Kommunikation.

Stärken und Beiträge:

- Verfügt über tiefgreifendes, aktuelles Fachwissen
- Liefert Expertise in zentralen Fragen
- Sorgt für Qualität und fundierte Inhalte
- Unterstützt die fachliche Entwicklung des Teams

Mögliche Schwächen oder Übertreibungen:

- Fokussiert sich stark auf das eigene Gebiet
- Neigt zu geringer Teamorientierung
- Kann andere Perspektiven ausblenden oder unterschätzen

Impuls für die Supervision: Supervision kann helfen, den Spezialbeitrag ins Gesamtgeschehen zu integrieren und Schnittstellen zu anderen Rollen bewusst zu gestalten. Auch Fragen der Anerkennung, Rollenklarheit und Kommunikation fachlicher Inhalte sind bedeutsam.

Reflexionsfragen für Teams:

- Welche Expertise bereichert unser Team?
- Wie teilen wir unser Wissen?
- Wird Spezialisierung als Ressource oder als Abgrenzung erlebt?
- Wie gelingt der Austausch zwischen Fach- und Beziehungsebene?

Das Modell der Belbin-Teamrollen zeigt, wie vielfältig und komplementär die Beiträge einzelner Teammitglieder sein können. In der Supervision dient es als wertvolles Instrument, um Ressourcen sichtbar zu machen, blinde Flecken zu erkennen und Zusammenarbeit gezielt weiterzuentwickeln. Entscheidend ist nicht, dass jede Rolle perfekt besetzt ist, sondern dass das Team die unterschiedlichen Rollen versteht, wertschätzt und bewusst mit ihnen umgeht. Unterschiedlichkeit ist kein Problem - sondern eine Stärke, wenn sie reflektiert und gut moderiert wird.

Belbin-Selbsttest – Welche Teamrollen übernimmst du?

Lies dir jede Aussage durch und bewerte, wie sehr sie auf dich zutrifft:

1 = trifft gar nicht zu   2 = trifft eher nicht zu   3 = teils/teils
4 = trifft eher zu   5 = trifft voll und ganz zu

Aussagen:	Bewertung
Ich bringe gern neue Ideen ins Team ein.	
Ich achte darauf, dass Aufgaben sorgfältig und korrekt erledigt werden.	
Ich kann gut vermitteln, wenn Meinungen auseinandergehen.	
Ich analysiere gerne Zusammenhänge und stelle kritische Fragen.	
Ich bringe andere durch meine Begeisterung zum Handeln.	
Ich helfe gern anderen und sorge für ein gutes Miteinander.	
Ich plane gern und achte auf eine effiziente Umsetzung.	
Ich beobachte viel, bevor ich mich äußere.	
Ich nehme gern die Leitung in die Hand, wenn es um Entscheidungen geht.	
Ich hinterfrage bestehende Konzepte kritisch und bringe Alternativen ein.	
Ich übernehme Verantwortung, wenn es um die Umsetzung geht.	
Ich motiviere andere, ohne sie unter Druck zu setzen.	
Ich bleibe auch in Konflikten ruhig und sachlich.	

Ich übernehme Aufgaben, ohne viel Aufhebens darum zu machen.	
Ich kann gut organisieren und verliere selten den Überblick.	
Ich bin kreativ und denke auch mal „um die Ecke".	
Ich kann gut mit unterschiedlichen Persönlichkeitstypen umgehen.	
Ich bin zielstrebig und verliere selten den Fokus.	
Ich bleibe lieber im Hintergrund, beobachte und analysiere.	
Ich bringe Menschen zusammen und fördere Teamgeist.	
Ich kann gut improvisieren, wenn etwas nicht wie geplant läuft.	

Auswertung:

Teamrolle	Aussagen
Erfinder:in	1, 10, 16
Umsetzer:in	7, 11, 15
Koordinator:in	9, 12, 17
Beobachter:in	4, 13, 19
Macher:in	5, 9, 18
Teamarbeiter:in	3, 6, 20
Perfektionist:in	2, 13, 14
Wegbereiter:in	5, 12, 21
Spezialist:in	4, 8, 14

Am höchsten bewertete Rolle = deine bevorzugte Rolle im Team. Die zweit- und dritthöchsten können zusätzliche Stärkenfelder anzeigen. Dort, wo du besonders wenig Punkte hast, liegen eher nicht deine natürlichen Rollen.

Graves Levels

Werteentwicklung und Bewusstsein in Gruppen -
Die Graves-Levels als Modell für Supervision

Gruppenprozesse sind nicht nur durch Rollen, Aufgaben und Beziehungen bestimmt, sondern auch durch die dahinterliegenden Wertehaltungen und Weltbilder. Unterschiedliche Denk- und Handlungsmuster führen im Team nicht selten zu Missverständnissen, Spannungen oder sogar offenen Konflikten - insbesondere, wenn nicht bewusst wird, dass diese Differenzen tief verankerte Grundüberzeugungen betreffen. An dieser Stelle kann das Entwicklungsmodell von **Clare W. Graves** wertvolle Orientierung bieten.

Das sogenannte **Graves-Wertsystem** - später weiterentwickelt unter dem Begriff *Spiral Dynamics* - beschreibt, wie sich Werte, Weltanschauungen und Motivationen von Individuen, Gruppen und ganzen Gesellschaften entwickeln. Es liefert ein dynamisches Bild davon, wie sich menschliches Bewusstsein im Zusammenspiel mit inneren Bedürfnissen und äußeren Herausforderungen entfaltet.

In der Supervision eröffnet das Modell hilfreiche Perspektiven auf Wertekonflikte, Kommunikationsstile und Entwicklungspotenziale innerhalb von Teams - nicht im Sinne einer Typologie, sondern als Einladung zur Reflexion über die oft unbewussten Muster, die unser Verhalten prägen.

Grundannahmen des Graves-Modells

- **Werte als Entwicklungslinien:** Menschen und Gruppen entwickeln sich durch verschiedene „Wertsysteme" oder Bewusstseinsstufen, die sich an äußeren Lebensbedingungen und inneren Bedürfnissen orientieren. Jede Stufe bringt neue Denkweisen und Handlungsmotive hervor.
- **Spiralige Entwicklung:** Die Entwicklung verläuft nicht linear, sondern spiralig: Frühere Stufen bleiben als Potenzial erhalten und

können in Stress- oder Krisensituationen reaktiviert werden. Höhere Stufen integrieren frühere Werte, ersetzen sie aber nicht vollständig.

- **Anpassung an Komplexität:** Jedes Level stellt eine Antwort auf eine bestimmte Komplexitätsstufe dar. Wenn die bisherigen Lösungen nicht mehr greifen, entsteht die Möglichkeit, auf eine neue Ebene des Denkens und Handelns überzugehen.

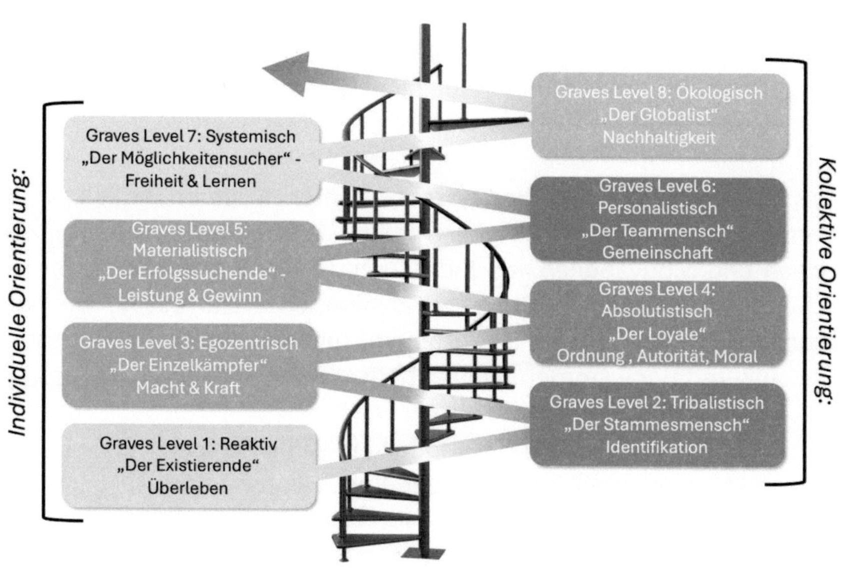

Die Graves-Levels im Überblick - mit Fokus Supervision

Beige - Instinktives Überleben

Das erste Level im Graves-Modell, bezeichnet als "Beige", steht für das grundlegendste Stadium menschlichen Daseins: das instinktive Überleben. Es ist das Stadium, in dem der Mensch nur auf unmittelbare Reize und Bedürfnisse reagiert, gesteuert von biologischen Trieben und der Notwendigkeit, existenzielle Grundbedürfnisse zu sichern. Nahrung, Schlaf, Schutz vor Kälte oder Gefahr, das Sichern eines Ruheplatzes und das Vermeiden von Bedrohung dominieren das Verhalten.

Auf dieser Stufe gibt es kein bewusstes Nachdenken, keine Reflexion über Vergangenheit oder Zukunft, keine differenzierte Wahrnehmung von Beziehungen oder sozialen Rollen. Es herrscht ein Leben im Hier und Jetzt, in dem alle Energie darauf gerichtet ist, das eigene Überleben zu sichern. Denken und Fühlen sind von Instinkt und unmittelbarer Reaktion geprägt. Menschliches Verhalten erscheint in diesem Kontext archaisch, animalisch und basale Schutzmechanismen dominieren.

Beziehungen entstehen lediglich im Sinne direkter Überlebensvorteile: das Neugeborene sucht die Mutterbrust, nicht aus emotionalem Kontaktbedürfnis, sondern weil Hunger besteht. Bei Neugeborenen ist das Beige-Level real beobachtbar - ebenso in Situationen, in denen Menschen durch schwere Traumata, Kriegs- oder Katastrophenerfahrungen in einen Zustand des Überlebensmodus zurückfallen. Auch bei Demenz oder im hohen Alter, wenn andere Ebenen nicht mehr zugänglich sind, kann sich dieses Level wieder bemerkbar machen.

Im organisationalen Kontext ist Beige kaum sichtbar - aber in Ausnahmefällen relevant: etwa wenn Mitarbeitende stark erschöpft, traumatisiert oder psychisch instabil sind. Auch im Zusammenhang mit psychischer Erkrankung (z. B. schwere Depression oder dissoziative Zustände) kann dieses Level temporär aktiviert sein. In der Supervision ist es dann besonders wichtig, Sicherheit und Stabilität herzustellen, bevor Reflexion oder Entwicklung möglich sind.

Teams können unter extremem Stress ebenfalls in beigeartige Zustände geraten: Tunnelblick, Panikreaktionen, reaktive Kommunikation oder "Dienst nach Vorschrift" können Hinweise darauf sein, dass die Selbststeuerung reduziert ist und Grundsicherheit fehlt.

Mögliche Signale für das Beige-Level im Team:

- sehr hohe Fluktuation, innere Kündigung
- chronische Erschöpfung, kaum Kommunikationsfluss
- Überforderung, die sich in Sprachlosigkeit oder Gereiztheit zeigt
- rein funktionales Miteinander, fehlender emotionaler Kontakt

In der Supervision können folgende Impulse hilfreich sein:

- Niederschwellige Gesprächsangebote: Zuhören, Dasein, nicht konfrontieren
- Atmosphäre der Sicherheit herstellen: "Hier darfst du sein, wie du bist."
- Arbeit mit Grundbedürfnissen: Was braucht es für Stabilität? Woher könnte Halt kommen?
- Beobachten und ansprechen: "Mir fällt auf, dass sehr viel Erschöpfung im Raum ist..."

Reflexionsfragen:

- Wie sicher fühlen wir uns im Arbeitsumfeld - körperlich, emotional, organisatorisch?
- Wo zeigen sich Hinweise auf einen Überlebensmodus bei uns oder anderen?
- Welche einfachen Maßnahmen könnten Stabilität und Grundsicherheit fördern?
- Wie können wir achtsam mit Menschen umgehen, die sich auf dieser Ebene befinden?

Violett - Sicherheit durch Zugehörigkeit

Das zweite Level im Graves-Modell, Violett, ist von einem tiefen Bedürfnis nach Sicherheit, Geborgenheit und Zugehörigkeit geprägt. Es steht für ein stammesbezogenes Weltbild, in dem die Zugehörigkeit zu einer Gruppe - sei es Familie, Team oder Organisation - über individuelle Abgrenzung gestellt wird. Die Welt wird als potenziell gefährlich wahrgenommen, und Schutz wird durch die Gemeinschaft gesucht. Sicherheit entsteht durch vertraute Rituale, Regeln und Traditionen. Diese müssen nicht explizit formuliert sein; oft sind sie implizit, in Verhaltensweisen, Symbolen oder gruppeninternen Codes verankert.

In Teams auf der violetten Ebene ist die Gruppenkohäsion besonders stark. Man weiß, wie "es hier läuft", es gibt klare (wenn auch unausgesprochene) Erwartungen an Loyalität, Verhalten und gegenseitige Unterstützung. Die Orientierung an der Gruppe stiftet Sinn und Zugehörigkeit, kann aber auch zu einer gewissen Resistenz gegenüber Veränderung oder Individualität führen.

Auch magisches oder animistisches Denken kann auf dieser Ebene vorkommen: Entscheidungen werden z. B. nach Intuition oder Gruppengefühl getroffen, Rituale (formelle oder informelle) bestimmen den Alltag. Hierarchie wird akzeptiert, solange sie Schutz und Sicherheit gewährleistet. Kritik an der Gemeinschaft wird als Bedrohung erlebt.

In sozialen Organisationen, Familienbetrieben oder religiös geprägten Einrichtungen zeigt sich diese Dynamik häufig. Auch in neu gebildeten Teams, die rasch ein Wir-Gefühl entwickeln wollen, kann das violette Level eine wichtige Rolle spielen.

Relevanz für Supervision: Supervisor:innen treffen auf diesem Level häufig auf die Herausforderung, dass Neuerungen, Perspektivwechsel oder individuelle Themen als Bedrohung des Gruppenzusammenhalts erlebt werden. Es bedarf hier viel Fingerspitzengefühl, um Prozesse der Veränderung so zu begleiten, dass sie als Erweiterung und nicht als

Gefährdung erlebt werden. Vertrauen und Beziehung stehen im Mittelpunkt.

Typische Dynamiken auf dem violetten Level:

- starke Gruppenidentifikation ("Wir gegen die anderen")
- emotionale Bindung an Traditionen oder Rituale
- Unklarheit über eigene Rollen, da das Gruppengefüge vorrangig ist
- hohe Loyalität, aber auch potenzielle Ausschlussmechanismen für "Abweichler:innen"

Supervision kann hier unterstützen durch:

- Sichtbarmachung und Würdigung impliziter Regeln und Traditionen
- Ermöglichung von sanften Perspektivwechseln ("Wie könnte das auch aussehen?")
- Unterstützung bei Rollenklärung ohne Bedrohung des Gruppengefühls
- Arbeit mit Symbolen oder Metaphern, um Zugang zu kollektiven Mustern zu erhalten

Reflexionsfragen:

- Welche (unausgesprochenen) Rituale und Regeln strukturieren unsere Zusammenarbeit?
- Was gibt uns im Team Sicherheit? Was verunsichert?
- Wo hemmt unsere Loyalität gegenüber der Gruppe unsere Offenheit für Neues?
- Welche Bedürfnisse liegen hinter der Orientierung an Tradition und Gewohnheit?

Rot - Durchsetzung und Macht

Das dritte Level im Graves-Modell, Rot, steht für das Streben nach Macht, Kontrolle und Durchsetzung der eigenen Interessen. Es ist eine Reaktion auf das vorherige Level Violett, das von Gruppenzugehörigkeit und Tradition geprägt war. Im roten Level löst sich das Individuum aus der Bindung an die Gruppe und beginnt, die eigene Autonomie, Kraft und Bedeutung in den Mittelpunkt zu stellen. Es ist das Zeitalter des Egos, der Held:innenreise, des unmittelbaren Ausdrucks von Willen.

Auf dieser Stufe werden Entscheidungen oft impulsiv getroffen. Es herrscht eine Orientierung an unmittelbarer Belohnung und Wirkung. Regeln werden eher als hinderlich denn als schützend erlebt, und Autorität basiert auf Kraft, nicht auf Legitimation. Die Welt wird als Kampfplatz wahrgenommen, in dem sich die Starken durchsetzen und Schwäche vermieden werden muss. Dominanz, Kontrolle und Statussymbole dienen der eigenen Positionierung.

Rot ist nicht per se negativ: Es bringt Mut, Risikobereitschaft und Tatkraft hervor. Es ist das Level, das Pionier:innen, Unternehmer:innen, Führungspersönlichkeiten, Held:innen und Rebellen hervorbringt. Doch ohne Regulierung durch andere Werteebenen kann das rote Level destruktiv werden - durch Rücksichtslosigkeit, autoritäres Verhalten oder Machtmissbrauch.

Typische Anzeichen für das rote Level in Teams:

- Dominante Persönlichkeiten prägen Diskussionen und Entscheidungen.
- Es herrscht eine Kultur der Konfrontation oder des "Sich-durchsetzens".
- Machtspiele, Rangordnung, Konkurrenz sind offen oder subtil spürbar.
- Es fehlt an struktureller Reflexion und Feedbackkultur.

Relevanz für Supervision: In Teams mit starken Hierarchien oder in Veränderungsprozessen, in denen Machtfragen ungeklärt sind, tritt das rote Level oft hervor. Supervision muss hier einerseits Raum für Kraft und Initiative geben, andererseits klare Strukturen schaffen, um destruktive Dynamiken zu begrenzen. Mut zur Konfrontation, Klarheit in der Kommunikation und das Ansprechen von unausgesprochenen Machtfragen sind essenziell.

Supervision kann hier unterstützen durch:

- Moderation offener Macht- und Rollenkonflikte
- Einladung zur Selbstreflexion: "Was treibt mich an? Was brauche ich, um mich stark zu fühlen?"
- Stärkung von Feedbackstrukturen und gegenseitiger Wahrnehmung
- Erarbeitung konstruktiver Machtstrategien im Sinne von Verantwortung statt Dominanz

Reflexionsfragen:

- Wo erleben wir in unserem Team offene oder verdeckte Machtkämpfe?
- Wie gehen wir mit Dominanzverhalten um - aktiv, vermeidend, unterstützend?
- Welche positiven Seiten von Durchsetzungskraft nutzen wir zu wenig?
- Wie können wir Verantwortung, Mut und Einflussnahme fördern, ohne andere zu unterdrücken?
- Welche Führungsbilder prägen uns - und sind sie noch passend?

Blau - Ordnung, Struktur und Pflicht

Das vierte Level im Graves-Modell, Blau, ist geprägt von einem starken Streben nach Ordnung, Struktur und moralischer Orientierung. Es folgt auf das oft chaotische, impulsive Rot und stellt gewissermaßen die erste stabilisierende Antwort auf die Erfahrungen von Macht und Anarchie dar. Menschen und Gruppen, die sich auf dieser Ebene bewegen, sehnen sich nach Sicherheit durch Regeln, nach Sinnstiftung durch Traditionen und nach Verbindlichkeit im Umgang miteinander.

Auf dieser Stufe gewinnt das Pflichtbewusstsein an Bedeutung. Es geht nicht mehr darum, sich durchzusetzen oder andere zu dominieren, sondern darum, den "richtigen" Weg zu gehen. Disziplin, Regelbefolgung und die Zugehörigkeit zu einer strukturierten Ordnung geben Halt und Orientierung. Gut und Böse werden klar unterschieden, die Welt erscheint in festen Kategorien. In Organisationen zeigt sich das blaue Level in klar definierten Hierarchien, festen Abläufen, normierten Kommunikationswegen und starken Regelwerken.

Menschen, die aus dieser Ebene heraus agieren, orientieren sich stark an Autoritäten, an Idealen oder an einer höheren Ordnung (z. B. Glaube, Gesetz, Tradition). Es herrscht die Überzeugung, dass Regeln notwendig sind, um Chaos zu vermeiden, und dass Verantwortung bedeutet, sich diesen Regeln unterzuordnen. Ordnung stiftet Sinn - sie bietet einen verlässlichen Rahmen, innerhalb dessen man sich bewegen kann.

Typische Merkmale des blauen Levels in Teams:

- starke Orientierung an Vorschriften, Dienstwegen und festen Zuständigkeiten
- Rollenverhalten ist klar definiert und wird selten hinterfragt
- emotionale Distanzierung zugunsten von Sachorientierung
- Entscheidungen werden an "höherer Stelle" delegiert oder streng formalisiert

Relevanz für Supervision: In vielen klassischen Organisationen (Verwaltung, Kirche, Bildungsinstitutionen, hierarchisch geführte Unternehmen) ist Blau die tragende Werteebene. Supervision kann hier dazu beitragen, festgefahrene Muster zu reflektieren, ohne die wertvolle Sicherheit, die Blau stiftet, zu destabilisieren. Sie dient dazu, blinde Flecken sichtbar zu machen, Selbstverantwortung zu fördern und Flexibilität in geregelte Strukturen zu integrieren.

Supervision kann unterstützen durch:

- Reflexion über den Sinn und die Herkunft bestehender Regeln
- Stärkung individueller Verantwortung innerhalb klarer Strukturen
- Ermutigung zu konstruktiver Regelkritik ("Dienen die Regeln noch ihrem Zweck?")
- Entwicklung eines Wertebewusstseins, das nicht nur formal, sondern auch ethisch begründet ist

Reflexionsfragen:

- Welche Regeln geben unserem Team Sicherheit - welche engen uns ein?
- Wo folgen wir Strukturen aus Gewohnheit, nicht mehr aus Überzeugung?
- Welche Spielräume haben wir - und wie nutzen wir sie verantwortungsvoll?
- Was bedeutet "Verantwortung" bei uns konkret - individuell und gemeinsam?
- Wie können wir Klarheit und Verbindlichkeit erhalten, ohne in Starrheit zu verfallen?

Orange - Leistung und Erfolg

Das fünfte Level im Graves-Modell, Orange, steht ganz im Zeichen von Fortschritt, Zielorientierung und individueller Leistungsbereitschaft. Es folgt auf das blaue Ordnungssystem und löst sich bewusst von rigiden Strukturen, hin zu einem Denken in Chancen, Wettbewerb und Selbstverantwortung. Hier liegt der Fokus nicht mehr auf dem korrekten Befolgen von Regeln, sondern auf Effizienz, Innovationskraft und der Erreichung von Zielen.

Individuen, die auf dieser Ebene agieren, glauben an die Machbarkeit von Erfolg durch Fleiß, Intelligenz und Strategie. Das Leben wird als ein Feld der Möglichkeiten betrachtet, in dem sich jeder durch Leistung, Cleverness und Risikobereitschaft verwirklichen kann. Konkurrenz wird nicht als destruktiv, sondern als Antrieb für Entwicklung gesehen. Materieller Wohlstand, Statussymbole und Karrieren gelten als Indikatoren für Erfolg und gesellschaftliche Anerkennung.

Organisationen mit oranger Prägung zeichnen sich durch Projektorientierung, Kennzahlensteuerung und unternehmerisches Denken aus. Leistung wird gemessen und sichtbar gemacht, Effizienz steht über Beziehung, und Innovation ist ein zentraler Wert. Das Team ist Mittel zum Zweck - es unterstützt die Zielerreichung. Gleichzeitig fördert diese Werteebene aber auch Autonomie, Selbstverantwortung und kreative Freiräume.

Typische Dynamiken auf der orangen Ebene:

- starkes Denken in Zielen, Erfolgskennzahlen und Karrierepfaden
- hoher Innovationsdruck und Veränderungsbereitschaft
- Wettbewerb innerhalb und zwischen Teams
- Anerkennung durch Leistung, nicht durch Zugehörigkeit oder Moral

Relevanz für Supervision: In vielen modernen Wirtschaftsunternehmen dominiert Orange als Grundhaltung. Supervision kann hier eine ausgleichende Rolle spielen: Sie bietet einen Raum zur Reflexion über

Leistungsdruck, Selbstoptimierung und den Verlust von Zwischenmenschlichkeit. Sie kann auch helfen, über Werte jenseits von Effizienz nachzudenken und Burnout-Risiken zu thematisieren. Gleichzeitig kann Supervision Führungskräfte darin unterstützen, ihre Gestaltungsmacht verantwortlich einzusetzen und ethische Fragen zu integrieren.

Supervision kann hier unterstützen durch:

- Reflexion über Erfolgsdefinitionen: "Was bedeutet Erfolg für uns wirklich?"
- Auseinandersetzung mit Leistungsanspruch und Selbstbild
- Klärung von Zielkonflikten und strategischer Ausrichtung
- Einführung von Feedback- und Fehlerkulturen
- Entwicklung eines gesunden Umgangs mit Wettbewerb und Scheitern

Reflexionsfragen:

- Was treibt uns als Team wirklich an - intern und extern?
- Wo kippt Zielorientierung in Erschöpfung oder Konkurrenz um?
- Welche Erfolge feiern wir - und was bleibt dabei auf der Strecke?
- Wie gehen wir mit Fehlern um? Gibt es Raum für Lernen?
- Welche Rolle spielt Ethik in unseren Entscheidungen und Strategien?

Grün - Gemeinschaft und Gleichwertigkeit

Das sechste Level im Graves-Modell, Grün, markiert eine entscheidende Wende in der Werteentwicklung: Nach der Phase des individuellen Strebens nach Erfolg und Leistung (Orange) entsteht das Bedürfnis nach Verbindung, Sinnhaftigkeit und Gleichwertigkeit. Der Mensch begreift sich nicht mehr nur als autonomes Individuum, sondern als Teil eines sozialen, emotionalen und ökologischen Gefüges. Zwischenmenschliche Beziehungen, Kooperation und eine gerechte, mitfühlende Gesellschaft rücken ins Zentrum des Handelns.

Empathie, gegenseitiges Verständnis und Achtsamkeit im Umgang miteinander sind zentrale Werte auf dieser Ebene. Es geht nicht mehr um "Wer hat recht?", sondern um "Wie können wir uns begegnen?". Konsensorientierung wird zum Ideal, Konflikte sollen gewaltfrei gelöst werden, Unterschiede werden als bereichernd betrachtet. Grün erkennt die Begrenzungen des Leistungsprinzips und stellt Fragen nach Sinn, Nachhaltigkeit und Gemeinschaft. Entscheidungen werden im Team getroffen, Hierarchien werden kritisch hinterfragt oder bewusst flach gehalten. Menschlichkeit, Kommunikation auf Augenhöhe und Beteiligung sind tragende Elemente dieser Wertehaltung. Teams mit grüner Prägung zeichnen sich durch ein starkes Gemeinschaftsgefühl, hohe soziale Kompetenz und große Offenheit gegenüber Diversität aus. Gleichzeitig kann der starke Wunsch nach Harmonie auch zu Konfliktvermeidung, Entscheidungsblockaden oder einem Scheuen vor Konfrontation führen. Der Konsens wird mitunter über die Handlungsfähigkeit gestellt, und die Angst, jemanden auszuschließen oder zu verletzen, kann notwendige Klarheit verhindern.

Typische Dynamiken auf der grünen Ebene:

- Entscheidungen werden lange diskutiert, bis alle gehört wurden
- Kritik wird vorsichtig oder indirekt geäußert, um niemanden zu verletzen
- Gruppenprozesse sind stark auf Beziehungspflege ausgerichtet
- Inklusion und Diversität sind wichtige Leitprinzipien

Relevanz für Supervision: Supervision kann im grünen Kontext dazu beitragen, Klarheit mit Mitgefühl zu verbinden und zwischen echtem Konsens und Harmoniedruck zu unterscheiden. Sie unterstützt dabei, Konflikte als Beziehungsklärung zu begreifen und Rollen sowie Erwartungen transparent zu machen. Supervision bietet Raum für emotionale Reflexion, Wertesensibilität und den Umgang mit gruppendynamischen Spannungsfeldern.

Supervision kann hier unterstützen durch:

- Klärung von verdeckten Konflikten und Kommunikationsmustern
- Stärkung konstruktiver Feedback- und Kritikfähigkeit
- Bewusstmachung von Überanpassung oder Rollenunklarheiten
- Reflexion über Gruppennormen und Entscheidungsprozesse

Reflexionsfragen:

- Wie gehen wir mit Meinungsverschiedenheiten um?
- Wo hemmt Konsenswille unsere Handlungsfähigkeit?
- Wie unterscheiden wir zwischen Harmoniebedürfnis und echtem Konsens?
- Welche Vielfalt leben wir wirklich - wo braucht es mehr Sichtbarkeit?
- Was bedeutet "Gleichwertigkeit" in unserem Team konkret?

Gelb - Integratives, systemisches Denken

Das siebte Level im Graves-Modell, Gelb, markiert den Übergang zu einem integrativen, systemischen Bewusstsein. Es ist die erste Ebene, die sich nicht mehr nur reaktiv auf vorherige Herausforderungen entwickelt, sondern bewusst versucht, Komplexität zu durchdringen, Ambivalenzen auszuhalten und verschiedene Weltbilder miteinander zu verbinden. Menschen und Teams auf der gelben Ebene sind in der Lage, unterschiedliche Sichtweisen nicht nur zu tolerieren, sondern sie konstruktiv nebeneinander bestehen zu lassen. Sie sind sich der Relativität von Perspektiven bewusst und suchen nach übergeordneten Zusammenhängen, die Orientierung geben, ohne neue Dogmen zu schaffen.

Kennzeichnend für das gelbe Level ist ein hoher Grad an Selbstverantwortung, intrinsischer Motivation und Lernbereitschaft. Entscheidungen werden nicht mehr auf der Basis von Vorschriften, Macht oder Gruppendruck getroffen, sondern aufgrund von Einsicht in das, was für das Ganze sinnvoll ist. Dabei werden komplexe Systeme nicht nur analysiert, sondern intuitiv erfasst. Es herrscht ein tiefes Verständnis dafür, dass Probleme nicht eindimensional gelöst werden können. Statt Schuldige zu suchen, wird versucht, systemische Dynamiken zu erkennen und zu beeinflussen.

In Teams, die auf gelber Ebene operieren, sind Hierarchien fluide und funktional, nicht autoritär. Rollen werden je nach Kompetenz und Kontext übernommen, nicht aufgrund formaler Positionen. Innovation entsteht durch das Zusammenspiel unterschiedlichster Kompetenzen, nicht durch Konkurrenz. Fehler gelten als Lernchancen, nicht als Schwächen. Es besteht eine hohe Toleranz gegenüber Unsicherheit, Wandel und Paradoxien.

Typische Merkmale des gelben Levels in Teams:

- hohe Selbststeuerung und Eigenverantwortung
- integratives Denken und Verknüpfung unterschiedlicher Perspektiven

- systemisches Verständnis für Zusammenhänge und Wechselwirkungen
- hohe Lernbereitschaft und kontinuierliche Selbstreflexion
- agile Arbeitsweise ohne Verlust an Tiefe

Relevanz für Supervision: Supervision auf der gelben Ebene ist weniger ein Korrektiv als ein Resonanzraum für Meta-Reflexion. Es geht darum, Dynamiken zu erkennen, Entwicklung zu begleiten und Raum für Innovation, Wachstum und neue Denkmodelle zu schaffen. Supervisor:innen treten hier weniger als Expert:innen auf, sondern eher als Prozessbegleiter:innen, die Impulse setzen, den Raum halten und die Tiefe des gemeinsamen Nachdenkens ermöglichen.

Supervision kann hier unterstützen durch:

- Begleitung komplexer Entscheidungs- oder Transformationsprozesse
- Reflexion über die Wirkung des eigenen Handelns im System
- Integration widersprüchlicher Perspektiven (z. B. Leistung vs. Beziehung, Stabilität vs. Wandel)
- Entwicklung innovativer, wertegeleiteter Strategien
- Unterstützung bei der Navigation in hochdynamischen, komplexen Kontexten

Reflexionsfragen:

- Welche systemischen Muster wirken in unserem Team, die wir bislang nicht gesehen haben?
- Wie können wir Unterschiedlichkeit produktiv gestalten, ohne sie nivellieren zu müssen?
- Wo halten wir an Lösungen fest, die in anderen Kontexten sinnvoll waren, aber hier nicht greifen?
- Wie gelingt es uns, Verantwortung zu übernehmen, ohne uns zu überfordern?
- Wie gestalten wir einen kontinuierlichen Lern- und Entwicklungsprozess im Team, der Raum für Vielfalt, Tiefe und Wandel lässt?

Türkis - Ganzheitliches Denken und globales Bewusstsein

Das achte Level im Graves-Modell, Türkis, stellt eine tiefgreifende Integration aller vorhergehenden Werteebenen dar und verbindet systemisches Denken mit einem globalen, ethischen und spirituellen Bewusstsein. Türkis steht für ein holistisches Weltbild, in dem der Mensch sich als Teil eines größeren Ganzen begreift - eingebunden in ökologische, kulturelle, soziale und spirituelle Netzwerke. Es geht nicht mehr nur um Effizienz (Orange), Beziehung (Grün) oder Integration (Gelb), sondern um das umfassende Zusammenspiel aller Ebenen zum Wohl des Planeten und der Menschheit.

Kennzeichnend für Türkis ist ein Denken in globalen Zusammenhängen. Nachhaltigkeit, soziale Gerechtigkeit, intergenerationelle Verantwortung und ökologische Balance sind zentrale Anliegen. Entscheidungen werden nicht nur im Hinblick auf lokale Wirksamkeit oder kurzfristigen Nutzen getroffen, sondern in ihrer Langzeitwirkung betrachtet. Ethik wird nicht als starres Regelwerk verstanden, sondern als lebendiger Ausdruck kollektiver Weisheit.

Menschen und Gruppen auf der türkisen Ebene handeln aus einem tiefen Bewusstsein für Verbundenheit. Sie verstehen sich nicht als isolierte Einheiten, sondern als Teil eines lebendigen, dynamischen Systems. Spiritualität, innere Entwicklung und Sinnfragen erhalten eine neue Qualität: nicht im dogmatischen Sinne, sondern als Quellen von Klarheit, Mitgefühl und Handlungskraft. Dabei zeigt sich Türkis oft ruhig, nicht missionarisch. Es geht weniger um Überzeugung als um Ausstrahlung, Präsenz und Wirkung.

In Organisationen zeigt sich Türkis zum Beispiel in der konsequenten Ausrichtung auf Gemeinwohl, Nachhaltigkeit, Sinnorientierung und kollaborative Führungsmodelle. Teams agieren selbstorganisiert, reflektieren kontinuierlich ihre Wirkung auf Umwelt und Gesellschaft und streben eine Balance zwischen Individualität und Kollektivbewusstsein an.

Typische Merkmale des türkisen Levels in Teams:

- Entscheidungen werden aus einem integrativen und langfristigen Blick getroffen
- hohe Sensibilität für systemische Auswirkungen auf Mensch, Umwelt und Gesellschaft
- Spiritualität, Ethik und innere Haltung sind Teil des Arbeitsverständnisses
- komplexe Herausforderungen werden als Entwicklungsimpulse verstanden
- Balance von Sein und Tun: Raum für Reflexion, Intuition und Handlung

Türkis in der Supervision: Supervision auf dieser Ebene ist geprägt von Präsenz, Resonanzfähigkeit und der Bereitschaft, sich existenziellen Fragen zu stellen. Sie kann helfen, kollektive Prozesse zu reflektieren, systemische Wechselwirkungen bewusst zu machen und Räume für spirituelle oder sinnbezogene Anliegen zu öffnen. Türkise Supervision ist tief dialogisch, mitfühlend und integrierend.

Supervision kann hier unterstützen durch:

- Arbeit an gemeinsamen Visionen und Haltungen, nicht nur an Zielen
- Reflexion über kollektive Wirkung und ethische Grundhaltungen
- Einbettung individueller Themen in größere systemische und gesellschaftliche Kontexte
- Förderung einer Kultur des Innehaltens, der Kontemplation und des Dialogs
- Begleitung von Prozessen der Sinnsuche, Spiritualität und globaler Verantwortung

Reflexionsfragen:

- Welche Verantwortung tragen wir als Team - über unsere Organisation hinaus?
- Wie gelingt es uns, Arbeit, Werte und Sinn zu verbinden?

- Welche Rolle spielt globales Denken in unserem täglichen Tun?
- Wo erleben wir Resonanz zwischen innerer Haltung und äußerer Wirkung?
- Wie pflegen wir unsere Verbindung zu uns selbst, zu anderen und zum größeren Ganzen?

Weiß - Transzendentes Bewusstsein (hypothetisch)

Dieses Level ist nicht empirisch gesichert, sondern als spekulative Erweiterung zu verstehen. Es beschreibt ein Bewusstsein, das alle vorherigen Ebenen integriert und überschreitet. Ego-Transzendenz, spirituelle Einheit und universelle Weisheit stehen im Zentrum.

Relevanz für Supervision: In der praktischen Arbeit selten, aber bei hochreflektierten Einzelpersonen oder spirituell geprägten Teams als Horizont möglich. Supervision kann hier achtsam und präsenzbasiert begleiten, ohne bewerten zu wollen.

Reflexionsfragen:

- Welche Rolle spielt Spiritualität oder Ganzheit in unserer Zusammenarbeit?
- Welche (unausgesprochenen) tieferen Fragen wirken in unserer Gruppe?

Das Graves-Modell ist kein Testverfahren, sondern ein Denkmodell. Es hilft, Teamdynamiken zu verstehen, Werte sichtbar zu machen und Spannungsfelder konstruktiv zu bearbeiten. Es sensibilisiert für Entwicklungspotenziale, ohne normative Erwartungen zu erzeugen. Supervisor:innen können es als Orientierung nutzen, um Gespräche zu strukturieren, Denkprozesse anzuregen und Entwicklung bewusst zu begleiten. Nicht jede Ebene muss erklommen werden - vielmehr geht es darum, Vielfalt zu würdigen und gemeinsam zu reflektieren, was gerade gebraucht wird.

Exkurs: Situatives Führen

Ein dynamisches Führungsverständnis

Lange Zeit dominierten klassische Führungsstile die Praxis in Unternehmen und Organisationen. Der autoritäre Führungsstil mit klaren Befehlsketten, der bürokratische Stil mit seinem Fokus auf Regeln und Verfahren, der demokratische Stil mit Mitbestimmung, der laissez-faire-Ansatz mit maximaler Freiheit sowie der patriarchalische Stil mit fürsorglicher Kontrolle - all diese Modelle prägten das Verständnis von Führung über Jahrzehnte. Doch sie alle haben eines gemeinsam: Sie gehen von relativ stabilen, einheitlichen Bedingungen und homogenen Mitarbeitenden aus. Die Realität moderner Arbeitswelten jedoch ist komplexer, individueller und von stetigem Wandel geprägt.

Genau hier setzt das Konzept des situativen Führens an. Die Managementberater Paul Hersey und Ken Blanchard entwickelten dieses Modell in den 1960er Jahren, um den starren Führungsansätzen ein flexibles, anpassungsfähiges Gegenmodell entgegenzusetzen. Ihr zentrales Anliegen: Führung soll sich an den jeweiligen Reifegrad der Mitarbeiter:innen anpassen - und nicht umgekehrt.

Situatives Führen: Individualisierung statt Standardisierung

Ziel des situativen Führens ist es, das individuelle Potenzial jedes einzelnen Menschen im Team zu erkennen und bestmöglich zu fördern. Statt pauschaler Maßnahmen geht es um differenzierte Entscheidungen, die sich an der jeweiligen Aufgabe und der persönlichen Entwicklung orientieren. Grundlage dafür ist die Einschätzung des Reifegrads der Mitarbeiter:innen, der sich aus zwei Komponenten zusammensetzt: der fachlich-sachlichen Kompetenz und der psychologisch-motivationalen Bereitschaft.

Fachliche Reife bedeutet, dass die Person über ausreichendes Wissen, praktische Fertigkeiten und die Fähigkeit zur eigenständigen Problemlösung verfügt. Psychologische Reife wiederum meint das Vorhandensein von Engagement, Eigenmotivation und Verantwortungsbewusstsein. Beide Dimensionen müssen im konkreten Arbeitskontext betrachtet werden, denn Reife ist keine pauschale Eigenschaft, sondern immer aufgabenbezogen. Eine Mitarbeiterin kann etwa beim Verkaufsgespräch sehr kompetent und sicher agieren, sich jedoch bei der Planung und Organisation von Abläufen unsicher fühlen. Daraus ergibt sich: Situatives Führen verlangt Aufmerksamkeit, Beobachtung und Flexibilität.

Mitarbeiter:innen: 4 Entwicklungsstände

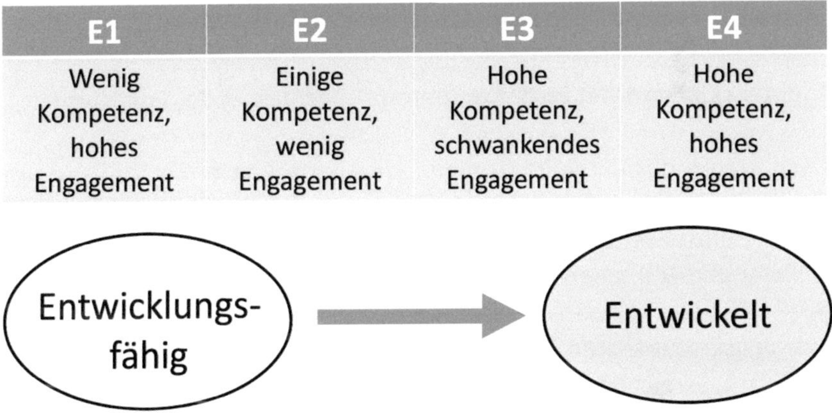

Führung als entwicklungsorientierter Prozess

Je nach Entwicklungsstand der Mitarbeiter:innen sind unterschiedliche Führungsstile notwendig, um eine effektive Zusammenarbeit zu ermöglichen und Wachstum zu fördern. Die vier Entwicklungsstufen nach Hersey/Blanchard ermöglichen eine praxisnahe Orientierung:

1. Entwicklungsstufe: Geringe Kompetenz - hohes Engagement

Mitarbeiter:innen in dieser Phase sind neu in einer Aufgabe oder im Unternehmen. Sie bringen hohe Motivation, Lernbereitschaft und Offenheit mit, verfügen aber noch nicht über die notwendige Erfahrung oder fachliche Kompetenz. Ihnen fehlen grundlegende Kenntnisse über Abläufe,

Strukturen und Erwartungen. Diese anfängliche Euphorie kann in Unsicherheit umschlagen, wenn keine klare Orientierung gegeben wird. Die Mitarbeitenden sind stark auf Anleitungen und Rückmeldungen angewiesen und benötigen eine klare Struktur, um sich sicher zu fühlen.

Führungskräfte müssen hier motivierend und gleichzeitig klar und strukturiert agieren. Ziel ist es, Sicherheit zu vermitteln, eine gute Basis für Lernen zu schaffen und erste Erfolgserlebnisse zu ermöglichen. Coaches und Supervisor:innen unterstützen dabei, die Rolle als strukturgebende Begleitung zu reflektieren und auszubauen. Die Führungskraft sollte sich als Lernbegleiter:in verstehen, nicht nur als Organisator:in.

2. Entwicklungsstufe: Erste Kompetenz - nachlassendes Engagement

Nach ersten positiven Erfahrungen kann eine Phase der Ernüchterung einsetzen. Die Komplexität der Aufgaben wird sichtbar, erste Fehler passieren, Selbstzweifel entstehen. Das Engagement schwankt, und die Mitarbeitenden wünschen sich Orientierung und emotionale Unterstützung.

Führungskräfte sollten Verständnis zeigen, Motivation gezielt aufbauen und klare, erreichbare Ziele setzen. In Coaching und Supervision liegt der Fokus auf der Förderung emotionaler Intelligenz, Gesprächsführung, Ressourcenaktivierung und dem Aufbau eines unterstützenden Führungsstils. Es geht darum, Rückschläge als Entwicklungschancen zu begreifen und dabei die eigene Haltung zu reflektieren.

3. Entwicklungsstufe: Hohe Kompetenz - schwankendes Engagement

Mitarbeiter:innen in dieser Phase verfügen über ein hohes Maß an Fachkompetenz, ihr Engagement ist jedoch nicht konstant. Innere Demotivation oder strukturelle Hindernisse - wie fehlende Anerkennung oder unklare Zuständigkeiten - behindern die kontinuierliche Leistung.

Führung bedeutet hier, Vertrauen zu zeigen, Eigenverantwortung zu stärken und durch Anerkennung sowie klare Kommunikation Motivation zu fördern. Coaching und Supervision helfen, Ursachen für Schwankungen zu analysieren, Führungsstrategien anzupassen und systemische Zusammenhänge zu erkennen. Die systemische Perspektive ist dabei zentral: Verhalten soll im Kontext des Teams und der Organisation verstanden werden.

4. Entwicklungsstufe: Hohe Kompetenz - hohes Engagement

In dieser Phase arbeiten Mitarbeiter:innen selbstständig, lösungsorientiert und hochengagiert. Sie benötigen keine Kontrolle, sondern Freiraum, Vertrauen und Resonanz. Führung bedeutet hier, Verantwortung bewusst zu delegieren, Entwicklungsperspektiven aufzuzeigen und Anerkennung gezielt zu platzieren.

Coaching und Supervision begleiten Führungskräfte dabei, von einer steuernden zu einer ermöglichenden Rolle zu finden. Es geht darum, Entwicklung zu fördern, ohne zu überfordern. Der bewusste Umgang mit der sogenannten „Verfügbarkeitsfalle" - der Tendenz, besonders leistungsfähige Mitarbeitende immer stärker zu belasten - ist hier besonders wichtig.

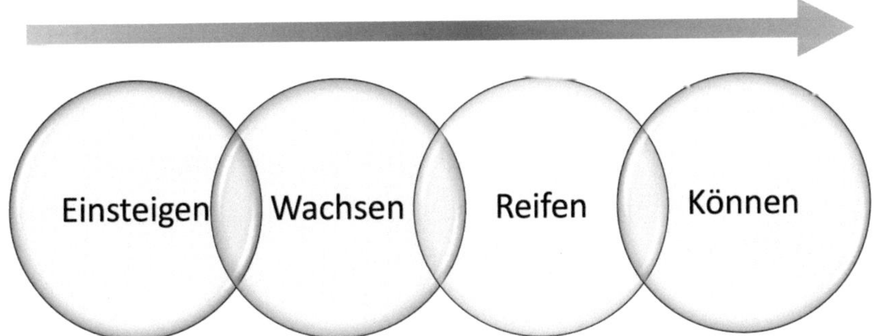

Coaches und Supervisor:innen unterstützen Führungskräfte nicht nur bei der Anwendung des Modells des situativen Führens, sondern auch in ihrer persönlichen Entwicklung. Sie helfen dabei, den Reifegrad von Mitarbeiter:innenrealistisch einzuschätzen, angemessene Führungsverhaltensweisen zu entwickeln und organisationale Bedingungen kritisch zu reflektieren. Situatives Führen ist kein starres Werkzeug - es ist ein lebendiger, dynamischer Prozess zwischen Menschen. Coaching und Supervision machen diesen Prozess bewusster, wirksamer und nachhaltiger.